YOBEL

ヨベル新書
056

焚き火を囲んで聴く神の物語・説教篇〈1〉

アブラハムと神さまと星空と

創世記 上

大頭眞一

美和に

装丁・ロゴスデザイン：長尾 優

大頭眞一牧師に「贈る言葉」

北海道大学大学院文学研究院特任教授　千葉　惠

大頭眞一牧師の全八巻におよぶ説教集が公刊されますこと心よりお祝い申し上げます。牧師が心を注ぎだしつつ日曜ごとに語られた福音とその聴衆などの方々の献身によります音声の文字化を通じての共同作業における感動の共有、これはわが国の現状のなかで大きな証と存じます。説教を拝聴したことがない身でおこがましいのですが、個人的な評ではなく「贈る言葉」をということでしたので、一般的な言葉で船出を祝したいと存じます。

説教はギリシャ・ローマ世界では説得をこととする「弁論術（Rhetoric）」に属します。政治家や弁論家は聴衆の「パトス（感情）」に訴えまた「ロゴス（理論）」により訴えそして、「人格」に訴えつつ、自らが最も正しいと理解することがらを市民に説得する、その技術が弁論術です。例えば、戦争に駆り出そうとするさいには、パトスに訴え「家々は焼かれ財産は略奪され、婦女子は……」という仕方で恐怖などを呼び起こして参戦を促しました。

大頭牧師は説教によりイエス・キリストを宣教しておられます。キリストが罪を赦す権威をもった方であり、人類に救いをもたらす方であることを聴衆に語り掛け、説得します。福音の宣教は通常の弁論術とは異なります。例えばペリクレスの場合は彼の「人格」の故に、民衆はペリクレスが言うのだからという彼の人格への信頼のもとに彼の政策を受け入れました。しかし、福音の宣教においては、ただイエス・キリストの「人格」が屹立しています。彼においてこそ、他の人類の歴史においては一度も実現できなかった正義と憐れみの両立が出来事となりました。この救い主を高らかに宣教すること、ただそれだけで、キリストの弟子でありうることただそれだけで、大頭牧師は無上の光栄ある務めであり、希望であり喜びであると日曜ごとに立ち返っておられたことでありましょう。キリストを語ること、それだけで人類が持ちうる最大の説得が遂行されていることでありましょう。

アブラハムと神さまと星空と——創世記・上

目次

上巻

大頭眞一牧師に「贈る言葉」……千葉　惠　3
①天地創造　8
②世界で最初のラブソング　26
③ああ、アダム　45
④失楽園　60
⑤カインとアベル　72
⑥ノアの箱舟　88
⑦バベルの塔　108
⑧アブラハムの旅立ち　124
⑨アブラハムの選択　147
⑩アブラハムの分け前　164
⑪アブラハムと神さまと星空と　182

解　説……勝俣慶信　205
協力者の方々のプロフィール　218
あとがき……大頭眞一　219

下巻
⑫アブラムとハガル
⑬笑うアブラハム
⑭アブラハムと神さま
⑮アブラハムの二度めの失敗
⑯アブラハムとイシュマエル
⑰ひとり子さえ惜しまないで
⑱神さまに導かれた結婚
⑲天からのはしご
⑳祝福の秘訣
㉑誘惑におちいらないために
㉒絶望しないために

天地創造

聖書　創世記1章26～31節

[26]神は仰せられた。「さあ、人をわれわれのかたちとして、われわれの似姿
に造ろう。こうして彼らが、海の魚、空の鳥、家畜、地のすべてのもの、地
の上を這うすべてのものを支配するようにしよう。」[27]神は人をご自身のかた
ちとして創造された。神のかたちとして人を創造し、男と女に彼らを創造された。[28]神は
彼らを祝福された。神は彼らに仰せられた。「生めよ。増えよ。地に満ちよ。地を従えよ。
海の魚、空の鳥、地の上を這うすべての生き物を支配せよ。」[29]神は仰せられた。「見よ。わ
たしは、地の全面にある、種のできるすべての草と、種の入った実のあるすべての木を、今
あなたがたに与える。あなたがたにとってそれは食物となる。[30]また、生きるいのちのあ
る、地のすべての獣、空のすべての鳥、地の上を這うすべてのもののために、すべての緑

の草を食物として与える。」 するとそのようになった。 31 神はご自分が造ったすべてのものを見られた。見よ、それは非常に良かった。夕があり、朝があった。第六日。

四月、第二主日の礼拝にようこそおいでくださいました。先週はイースター（復活祭）でした。教会の暦ではイースターからペンテコステ（聖霊降臨日）までの50日間を、復活節と呼びます。この喜びの季節に、新しい説教シリーズを始めます。「聖書は物語る」シリーズ。聖書が大きな流れとして何を語っているのかを、大きくつかみたいのです。ですから、一つ一つの聖句にこだわるというよりは、聖書全体を貫くメッセージを聴きとるのが目的です。どれぐらいかかるかわかりませんが、今日は創世記の1章です。

同志社大学の前身は、同志社英学校。設立したのは新島襄（1843~1890）。新島は明治が始まる直前の一八六四年に函館からアメリカに向けて出国しました。当時、海外への渡航は禁じられていましたので、アメリカの船にこっそり乗せてもらって、上海・香港を経由してアメリカまで行きました。そのとき持ち物はほとんど何もなかったのですが、ただ一つ価値があるものを持っていた。それは大小一組の刀。大きいほうの刀は、船に乗せてくれた船長に、船賃の代わりというかお礼にあげた。小さいほうの刀は、たぶん脇差と言うのだと思いますが、香港に寄港しましたときに売って、そのお金で8ドルの聖書を買いました。それは漢文で書かれた中国の漢訳聖書でした。当時の8ドルがどういう価値かよく分りませんが、おそらくは高価なものだったでしょう。そうして買った聖書というのが、旧約も新約も全部そろった聖書でした。

新島は日本にいるときに、漢訳聖書の一部を抜粋した小冊子のようなものを友だちに借りて、読んだことがありました。きっとそれ以来、聖書を全部読んでみたいと思っていたのでしょう。ついに香港で手に入れて、愛読するようになりました。たいへん大切なものであったにちがいない脇差を手放してまで、どうして彼は聖書を手に入れたいと思ったのか。なぜ聖書は彼をそれほどひきつけたのか。

新島は、友だちの書斎でその薄い小冊子を見つけ、借りて家に帰りました。当時まだキリスト教は禁止。実は、明治5年になるまでキリスト教は禁止されていました（明治6年〔1873年〕までに制度としての高札の廃止）。そういう時代ですから、夜こっそりとそのトラクトを読むわけです。後に新島は、そのときのことをいろいろなところで語っています。あるときは「創世記1章を読んで私は引きつけられた」とあります。「創世記1章2節を読んで捉えられた」と記しているところもあります。次のような意味の記録もあります。

「その本を読んだときに私はあたりを見回してこう言った。誰が私を作ったんだろうか。親から生まれたのには違いないけれども、いや、それが神だということがわかった。私が今座っているこの机は誰が作ったのか。大工さんなのか。いや、この机を作ったのは大工さんかもしれない、でもこの木はどこからきたのか。それは神さまが地上に育てられたものだ。そして神さまはその木を用いて大工さんに机を、私の机を作らせたんだ。すべてのものは神から来たのだ。もしそうなら、私は神に感謝しなければならない。神を信じ、神に対し正直にならなければいけない。」（デイヴィス『新島襄の生涯』参照）

「はじめに神が天と地を創造された。」（1・1）

この言葉を通して神さまが、新島に働いてくださいました。彼がバプテスマ（洗礼）を受けるまでにはこのあと何年もかかりました。けれども、彼がこの聖書の言葉を読んだとき何かが始まりました。神というお方がおられる。その方がこの私を造った。木を造った、人間を造った。天と地の間のすべてのものを造った。彼が「感謝しなければならない」と感じたということは、何かそこでおぼろげながらも、やっぱり神さまとの間の人格的な交わりのようなものが始まったのでした。

当然、新島は創世記1章を読み進んだでしょう。するとすぐに、27節に突き当たります。

「神は人をご自身のかたちとして創造された。」（1・27）

新島はたいへん家族思いの人であったそうです。国の禁を破ってアメリカに出ていくと両親がどれほど嘆くだろうと思って、とても心を痛めた。行こうか行くまいかと、たいへんにためらった。けれども、彼を後押しした大きな力がありました。それは神さま。新島を造り、その両親もそのまた両親も造られた神さま。そのようにすべてを造られた神さまに押し出され、「この方を信じなければならない」と彼は思った。

私たちがよく知っている通り、神さまは私たちを必要とはされません。私たちをお造りにならなくても、神さまの側ではお困りになることはない。それとは逆に、イスラエルを取り巻く中東諸国の神話では、神々が人を必要としたと言います。労働力として人々を必要としたから造ったと言う。しかし聖書の神はそうではない。神さまは私たちが必要だから、便利だから私たちを造ったわけではありません。むしろ私たちを造ることによって、神さまは後のち、たいへんな痛みを経験なさることになる。けれども、それでも神さまは私たちをお造りになった。なぜか。それは私たちを愛するため、そして私たちから愛されるため、私たちと愛の交わりをするために、私たちを造ることを決心なさった。造りたいと願ってくださった。造りたいから造ってくださった。造らなければならないからではなくて、あなたを造りたい、あなたにいてほしいと願って私たちを造ってくださった。そしてそれがどんな結果をもたらすことになろうとも、私たちを養い、支え、愛し抜くことを決意してくださった。「覚悟」という言葉が思い浮かびます。神さまは、覚悟をしてくださって、私たちを造られました。

ヨハネの福音書1章にこうあります。

「この方は、初めに神とともにおられた。すべてのものは、この方によって造られた。造られたもので、この方によらずにできたものは一つもなかった。」(1・2―3)

この方というのはイエス・キリスト。ですから、聖書によるならば、御子イエスは天地創造の時からおられて、すべてのものの創造に関わられました。父なる神に覚悟があったとするならば、子なる神にも覚悟があった。どんなことがあっても愛し通すという覚悟を持って、私たちを造ってくださった。私たちをお造りになるときに、神の側には、十字架さえもいとわない覚悟が、すでにありました。そんなにしてまで私たちにいてほしかった、そういう神さまの愛を思います。

創世記の1章を順に読んでいきますと、神さまは実に秩序正しく世界を造られたということがわかります。3節に「神は仰せられた。『光、あれ。』すると光があった。」とあります。あるいは6節には、「神は仰せられた。『大空よ、水の真っただ中にあれ。水と水の間を分けるものとなれ』」と。すると空ができて、水に満ちていたような世界の中に空気が生まれます。そして9節には「天の下の水は一つの所に集まれ。乾いた所が現れよ。」とあって、陸地ができるんです。その後、植物ができ、水中の動物や鳥、陸上の動物、そういったものが造られていく。そして最後に人が造られる。ですから人が造られたときには、神さまは人が生きるためにすべての必要なものを備えてくださっていた。人間が造りだしたものは何もない。神さまは充分な備えをしてくださって、私たちをそこに置いてくださった。神さまは私たちの必要をすべて知っておられます。世界の初めに、私たちの必要を豊かに満たしてくださった。今もそうです。私たちにはいろんな問題がおこってくる。でも、いちいちあわてふためく必要はない。豊かに与えてくださる神さまを信頼したらよいのです。「私は生きていくためにだれかを押しのけたり犠牲にしたりするしかない」などと思う必要はないのです。神さまはすべてのものを豊かに与えてくださっているのですから。

28節には「神は彼らを祝福された。神は彼らに仰せられた。『生めよ。増えよ。地に満ちよ。地を従えよ。海の魚、空の鳥、地の上を這うすべての生き物を支配せよ』」とあります。この「支配せよ」という言葉は、力ずくで従わせるという意味ではなくて、正しく管理する、あるいは愛を持ってケアする、そのように解釈するべきだろうと思います。この世界を良き管理人として管理する、私たちはそういう責任を神さまからゆだねられている。私たちには、この良い世界を損ねないように、自分の思うがままに食い散らすことがないように管理していく、そういう責任があります。

世界の人口は77億人（国連経済社会局発表、2019年6月18日）を超え、多くの子どもたちが餓死しています。けれども実はこの地球は77億の人々を養うのに十分な食糧を生産しているのです。問題は、それがきちんと管理されていないということ。あるところでは食べ物が余って捨てられているのに、他のところでは足りない。神さまから、愛情を持ってケアするようにとこの世界をゆだねられているのだから、私たちには責任があります。でも信仰者でなければ、神さまを信頼していなかったら、「明日の自分の分がなくなったらどうしよう」と心配になって、必要以上にたくわえてしまうかもしれません。けれども愛する兄弟姉妹、神さまの備えは充分です。私たちはそれを知って神さまを信頼して、正しいケアをすることができるはずなのです。

27節には、「神は人をご自身のかたちとして創造された。神のかたちとして人を創造し、男と女に彼らを創造された。」とあります。神に似たものとして私たちは造られています。こんな小さな私たちが、神さまに似ている。いったい、どこが似ているのか。それは、愛することができる、愛することを知っているというところです。神さまは、ご自分に似せて私たちを造られた。愛する力を与えて私たちを造られた。私たちと愛し合いたいと思われた。私たちを愛するだけではなくて、私たちから愛されたいと思って私たちを造ってくださった。これは不思議なほど光栄なことだと思います。神さまが私たちから愛されることを願っておられるのですから。

29節には、初めて出てくる言葉があります。「見よ。わたしは、地の全面にある、種のできるすべての草と、種の入った実のあるすべての木を、今あなたがたに与える。あなたがたにとってそれは食物となる」の「あなたがた」。神さまは、人間だけに向かって「あなたがた」「あなた」と呼びかけられる。それは私たちが人格を持った存在として神さまとの関係を持つことができるからです。

世界には二種類の関係があります。ひとつは「あなたと私」という関係、もう一つは「It（イット）と私」という関係。Itというのは「それ」、モノを指す言葉です。「あなたと私」という関係はたがいの人格を認め、自由を尊重し、そしてたいせつにし合う関係です。神さまが私に望んでおられるのは、まさに「あなたと私」という関係です。「私はあなたを愛します。あなたがいてくださることが嬉しいです！」これが「あなたと私」という愛の関係です。

しかしもう一つの「Itと私」すなわち「それと私」という関係は、相手を人格を持った存在ではなくてモノとして扱う。モノであるかのように扱う。モノというのは、自分の役に立つかどうか、利用価値があるかどうかがすべてです。相手に利用価値があるかどうか。利用価値がある間は利用する。利用価値がなかったら、捨てる。それが「Itと私」の関係。もし

「あなたと私」と呼び合うために私たちを造られた神さまを、Itと扱うようになるとどうなるか。神さまは私たちを決してItとして扱われない。でも私たちの方は、ときにそういうことをする。まさにそれが、偶像礼拝です。私の願いを聞いてくださる神はよい神。私の願いをかなえてくれない神は役に立たない神、いらない神。ですから、ご利益があるのはどの神か、と言ってあちこちをめぐり歩く。それは完全に神さまを「It」としてあつかう生き方です。

しかし、神さまはモノではない。生きておられ、私たちを愛しておられるお方です。だから、神さまは「それ」などと、モノのように呼ぶべきお方ではない。私たちを愛してくださっているから、もし私たちの願いを今すぐに聞いてくださらないとしても、そこには必ず深い愛から出たお考えがある。だから神さまと「あなたと私」という関係の中に生きる者たちは、もし願いがかなえられないように思えるときであっても、神さまを信頼し続け、愛し続けます。そして神さまは何を思っておられるのだろう、この状況の中で何を願っておられるのだろう、と祈り思いめぐらす。その中で私たちは変えられていく、愛によって成長させられていく。

もし神さまが私たちの言うことをなんでも、よいこともよくないことも、ホイホイっとかなえてくださるなら、そこに私たちの成長はありません。それだけではありません。神さまをモノのようにみなす生き方をしていたら、神さまだけでなく他の人もモノのようにみなすような生き方になってしまう。相手をできるだけ利用しようとする。自分にとって役に立つかどうかだけで相手を判断するようになっていく。モノとして扱ってしまう。相手との間に何か問題が起こったときも、その問題を共に解決することによって愛を育んでいこうという考えは生まれません。うっとうしい、うざいと言って相手をしりぞけ、相手から遠ざかる、それですませてしまう、そういう関係になってしまうのです。

神さまをモノのように扱うことの問題は、まだ、あります。神さまをモノとして扱い、他の人をモノとして扱う人は、結局は自分自身をもモノのように扱ってしまう。自分はどれだけの能率や能力を発揮して、どれだけの仕事をしたか、どれだけのものを生み出したか、どれだけの評判や資産を持っているか。そういうことで「よくやった」とか「まぁまぁだ」と自分をはかることになってしまう。能率がどうとか能力がどうとか、まるで自分を機械のように扱うことになってしまう。人よりも多くのものを生み出すことができればそれを誇る、少なかったらダメだと言って落ち込んでしまう。

私の本当の幸いはそんなことにかかっているのだろうか。そうじゃないんです。本当の幸いは、愛し合う関係を持てるかどうかにかかっています。神さまとの間、他の人との間に。私が仮に何かで失敗したとしても、罪を犯したとしてもそれを赦して受け入れてもう一度いっしょに生きてくれる、そういうお方との関係を持っているかどうかに、私の幸いはかかっているはずです。神をIt、それ、と呼ぶようになったら、本当の幸いから背を向けることになるのです。

けれども神さまは、私たちとの間に「あなたと私」という関係を望んでくださった。そんな関係を持つことができるように私たちを造ってくださった。だから、私たちは神さまを信じることができる、祈ることができる、神さまとの交わりに生きることができる。そのために私たちには、自分で選びとる自由意志を与えられています。神さまは私たちを、むりやりしばりつけて従わせようとはしません。ですから私たちは、この自由意志を逆に用いることもできます。神さまから遠ざかることに用いることもできる。神さまに背く、そういう決断をすることもできる。もう神さまなんか知らない、と言って交わりを断ち切るということも、私たちにはできるのです。このことを思うときに、神さまは私たちに大きな自由、ご自分に背く自由も与えてくださっている、ということに気づかされます。神さまは、暴君が力ずくで奴隷を支配するように、私たちを支配しようとはされません。そうではなくて、まるで愛する人にプロポーズするように「私を愛さないか」と、語ってくださるのです。

イエスさまは復活された後、ガリラヤ湖のほとりでペテロに会われました。あの時イエスさまはペテロに「あなたは、わたしを愛していますか」とお訊ねになった。ペテロはそれに対して、自由に自分の思いを申し上げることができた。「愛します」と答えることもできたし「いいえ、愛したくありません」と言うこともできた。でもイエスさまはペテロを脅かすわけでもなくお訊ねになって、返事をお待ちになった。たぶんあの返事というのは、スルスルっと出てきたなめらかな返事ではなかったのだろうと思います。ひょっとしたらイエスさまは、ペテロが苦労しながら出す言葉を、長い間お待ちになったのかもしれません。

神さまはそういうお方です。神さまは、私たちが「愛します」と言うまで待っていてくださる。「神さまなんか知らない」と言っていた私たちが、神さまを信じるようになるまで待ってくださっている。私たちが自分から「神さま、あなたを愛します」と告白することを心から望んで待ってくださる。人となった神であるイエスさまが、ペテロを待ってくださったように、私たちの背たけまでしゃがみ込んで、私たちの成長の程度までかがみこんで、私たちの愛を待ってくださいます。以前のペテロは、大きな口を叩いて「あなたのためには命をも捨てます」ということを気軽に言った人でしたが、十字架前夜に三度、主を知らないと言った後は、復活された主イエスに対してそういうことを言う自信は、もうなかった。かろうじて、おそらくは絞り出すようにして、「私があなたを愛していることは、あなたがご存じです」と、それだけ答えた。「私はあなたを愛しています、だけどそれがどの程度の愛なのか自信を持って言うことはできません。今度、また試練があったらどうなるのか、わかりません。でもイエスさま、あなたは私の弱さをご存じで、それでも私があなたを愛していることを知っていてくださいます。」そのようにペテロは答えることができた。弱よわしい答えだったかもしれない、けれどもイエスさまはそのペテロに「わたしの羊を飼いなさい」と、つまり「それでよい」とおっしゃった。ペテロが今できるだけの愛で「愛する」と言った、正確に言うなら「愛したい」と願った、そのことを喜んでくださったのでした。

イエスさまが私たちにお求めになる愛も同じだと思います。なにか人間離れしたことを求めておられるのではありません。私たちがイエスさまを愛したいと思うときに、その願いを神さまが受けとめてくださって、強めてくださって、支えてくださって、全うさせてくださる。だから私たちはしばしば弱々《よわよわ》しくても構わないから、いえむしろ、弱々しくしか言えない時が多いのだけれども、「主よあなたを愛します、主よあなたを愛したいです」と申し上げたい。その願いを取り上げて実現させてくださるのは主であることを覚えていたいと思います。

さて創世記にもどって、1章31節には「神はご自分が造ったすべてのものを見られた。見よ、それは非常に良かった」とあります。

非常に良かった。神さまが造られたすべてのものは、その中には人も含まれていますが、非常に良いとおっしゃった。しかし、このとき人はまだ一言《ひとこと》も言葉を発していません。なに一つ行動を起こしていない。それどころか、このすぐ後にはもう神さまに背くようになる。神さまを賛えるために「神さま、あなたを愛します」と告白するために造られたその口を、仲間を責めたり、神さまを疑う言葉を出すためにすぐ用いてしまう。人がそうなりかねないことを、神さまはご存じのうえで、それでも、「非常に良い」とおっしゃった。ご自分の思うようにならない人間たちであることを知ったうえで「非常に良い」と受け入れてくださいました。そういう意味で、この創造ということによって、特に人を創造することによって神さまはとても大きな冒険を、お始めくださったのでした。冒険とは、危険を冒すこと。神さまは危険を冒した。私が神さまを愛さないかもしれないということをご承知のうえで、危険を冒してくださいました。私たちが失敗して罪を犯しても、なお私たちを導いて成長させる、愛することができるように成長させる、そういう覚悟を持って危険を冒してくださった。そして神さまはその覚悟を必ず成しと遂げてくださるのです。

1章2節には「地は茫漠《ぼうばく》として何もなく」とあります。「茫漠」という言葉は「混乱」という意味を持っている言葉です。最初、地は混乱していた。神さまはそこに非常に良いものをお造りになった。今も世界は混乱しているかもしれない。人もまた自分の罪によって混乱しているかもしれない。いや、世界も人もまちがいなく混乱している。でもどんな状況の中でも、私たちが思いがけないことに出会い、たいへんな混乱の中に入っていくときにも、神さまはそこから非常に良いこと、非常に良いものを生み出すことができる、そういうお方です。創世記を語り継ぎ読み継いできた人びと、特にイスラエルの人びとは、このことを心の支えとして生き抜いてきた。エジプトで奴隷であった時も、神は天地創造の時に混乱の中からも非常に良いものを造り出すことができたと信じて生きた。またバビロン捕囚に連れて行かれた時も、神さまはこの混乱の中から非常に良いものを造り出してくださる、と信じて生き抜くことができました。

わたしたちも様々な混乱の中を通ることがあります。家族が召されたり、仕事や財産を失ったり、人間関係の中で苦痛と断絶を味わったり、そういう混乱の中を通らされます。けれども神さまはそんな混乱の中に、非常に良いものを生み出すことができます。非常に良い世界を創り出すことができる。非常に良い人間関係を、混乱が始まる前よりも良い関係を生み出すことがおできになります。なにもないところから非常に良い世界を創りだされた神さまが、私の人生の中でそれをなしてくださいます。ですから、試練の中で絶望してはならない。どんなにどうにもならないように思えるときにも、神さまがそこから良いものを創り出してくださいます。私たちを愛してくださって、試練とともにそこから逃れる道をも備えてくださっています。愛するみなさん、どうかこのことを、忘れることがありませんように。

世界で最初のラブソング

聖書　創世記2章19～25節

[19]神である**主**は、その土地の土で、あらゆる野の獣とあらゆる空の鳥を形
造って、人のところに連れて来られた。人がそれを何と呼ぶかをご覧になる
ためであった。人がそれを呼ぶと、何であれ、それがその生き物の名となっ
た。[20]人はすべての家畜、空の鳥、すべての野の獣に名をつけた。しかし、ア
ダムには、ふさわしい助け手が見つからなかった。[21]神である**主**は、深い眠
りを人に下された。それで、人は眠った。主は彼のあばら骨の一つを取り、そ
のところを肉でふさがれた。[22]神である**主**は、人から取ったあばら骨を一人
の女に造り上げ、人のところに連れて来られた。[23]人は言った。「これこそ、
ついに私の骨からの骨、私の肉からの肉。これを女と名づけよう。男から取

られたのだから。」[24] それゆえ、男は父と母を離れ、その妻と結ばれ、ふたりは一体となるのである。[25] そのとき、人とその妻はふたりとも裸であったが、恥ずかしいとは思わなかった。

四月の第三主日の礼拝に、ようこそいらっしゃいました。先週から新しい説教のシリーズとして、創世記から順に聖書の大きなところを、続いてたどりたいと願わされています。今日は創世記2章です。

創世記の1章と2章を読むと、天地創造が二回描かれています。しかもそれぞれ、創造の順序にちがいがあるのです。創世記1章では「光あれ」というところから始まって、水と陸地ができ、天体ができ、植物ができ、その後動物ができて、最後に人が造られます。人が造られるときには男と女が同時に造られる、それが創世記の1章。ところが創世記の2章では、まず男が造られます。そして実のなる木についで、鳥と動物が造られ、最後に女性が造られる。聖書を普通の本と同じに考える人であるなら、1章か2章のどちらかが正しくて、どちらかがまちがっていると思うかもしれません。けれども、もちろん聖書は神の言葉ですから、そんなことではありません。あるいは、世界は二度創造されたのだ、と考える人もいるかもしれません。一度めの創造がうまくいかなかったので、二度めでやり直したのだ、と。でも、これではまるで、神さまのなさることに落ち度があったかのようです。私は、天地創造は、ただ一度の神さまの完全なわざであったと思います。創世記の二つの記事には、それぞれに神さまから私たちへのメッセージが込められていると考えています。そして1章で強調されていることと2章で強調されていることがちがう。だからこのように、二通りの異なる描き方で書かれているのだと思うのです。

1章では神さまが秩序正しく、必要のすべてを創造なさった。何もないところから、神さまはすべてを造られて、そして、非常に良いとおっしゃった。そういう神さまの大きな愛が1章には記されています。

2章で、特に強調されているのは、神さまが私たちに仲間を与えてくださっている、ということです。男が造られる。そして、その男の仲間はだれか、という話が進んでいって、男の仲間は女なんだ、と。ただし、男と女が出てくるからと言って、ここでは結婚についてだけが教えられているわけではないということは、心に留めておく必要があると思います。結婚関係だけに限らず、人と人との関係すべてについて、ここで語られていることを見ることが大切です。

18節で神さまは、「人がひとりでいるのは良くない」とおっしゃった。つまり神さまは、私たちが仲間とともに生きることがよいことなのだ、ひとりで生きるためではなく、他の人といっしょに生きるために私たちは造られています。だから、私たちに家族や仲間がいるということは、それそのものが神さまからの祝福です。

神さまはさらに、18節で「わたしは人のために」、人にふさわしい助け手を造ろうとおっしゃっている。私たちは、よく勘ちがいすることがあると思います。自分に大きな力やすばらしい能力があって、だれの助けも借りずにやっていければ、それがすばらしいことなんだと思ってしまいやすい。なるべく一人で、いろんなことが、たくさんのことが、できるのが素晴らしいことなんだと思ってしまう。でも、神さまが望まれる生き方というのは、そうじゃないんですね。私たちにそれぞれ個性があるように、それぞれ得意なこともあれば、不得意なこともある。そういうふうに造られている。なぜそうなのか。なぜ、完璧な人たちが、自分で全部まかなえる人たちが造られているのではないのか。それは助け合うためですよね。「助け手を造ろう」というのは、あなたがた一人ひとりを、互いが互いを助け手として、働くことが出来るように造るっていう、そういう意味です。自分に優れたところがもしあるとするならば、神さまは何のためにそんな自分にしてくださったのか。そのことを用いて、私が助け手になるためです。もし自分に弱さがあって、なぜその弱さがあるのかというと、仲間に助けてもらうため。

神さまは、私たちの弱さ、先ほどのお証にもありましたけれども、本当にその弱さと強さを組み合わせるようにして、神さまでなければなすことが出来ない絶妙な助けを、折に適った助け手を送ってくださって、そして私たちの人生を、一人の完全な人では成しうることが出来ないほど、豊かなものにしてくださる。こういうことを、思わされます。共に生きるために私たちは造られているんですね。互いに愛し合うために私たちは造られています。いつも申し上げることですけれども、愛することは大切にすることです。弱さを覚える時に、大切にされることで、愛されることで、私たちは癒されていく。また、仲間が弱さを覚える時に、その仲間を大切にすることが出来れば、私たちはそのように仕えることによって心が満たされていく。そういうふうに私たちは造られている。覆い合うために造られています。

そのように愛し合いながら、神さまを礼拝し、そのことを互いに助け合います。そしてこの世界を、神さまのみこころに従って管理することを互いに助け合って、一緒に取り組んでまいります。

19節と20節には、「神である主は、その土地の土で、あらゆる野の獣とあらゆる空の鳥を形造って、人のところに連れて来られた。人がそれを何と呼ぶかをご覧になるためであった。人がそれを呼ぶと、何であれ、それがその生き物の名となった。人はすべての家畜、空の鳥、すべての野の獣に名をつけた。しかし、アダムには、ふさわしい助け手が見つからなかった」とあります。ここを読みますと、絵本のような情景が目に浮かんでまいります。人がこう立ってて、動物がズラーッと列を作って並んでいて、一匹ずつやってくると、人が、「これじゃない、あれじゃない」って言ってね、首を振り続けるような。でも、本当はそういうことではない。神さまはもちろん、人の助け手は人であることをご存じ。でも、私たちが仲間と共に生きることの幸いを、ここで改めて本当に知るために、このような書き方になっている。たとえ、力が強い牛、牛や馬がいて、農業をするときにとても役に立つとしても、それはあなたの助け手じゃない。あるいは、ペットになるような犬や猫やインコなどがいて一緒に遊んで楽しむこともできるだろう。でも、そうだとしても、それはあなたの、助け合う仲間ではない。あなたの愛する、愛し合う相手は、助け合う相手は、あなたと同じ人であり、仲間として造られた家族であり、私たちの周りにいる人びとだ。神さまはこれを私たちがもう一度、しっかりと受け取ることができるように、教えてくださっています。「しかし、アダムには、ふさわしい助け手が見つからなかった」。私たちが共に神さまを礼拝する、御心をたずね求めて生きる仲間っていうのは、やっぱり人なんです。人の助け手は人なんです。

そして、私たちの仲間である人と共に生きることに、私たちの喜びがあります。ですから、人はこの喜びを歌う。23節に「これこそ、ついに私の骨、私の骨からの骨、私の肉からの肉」、そういうふうに歌う。世界で最初のラブソングと言われるところです。これは男性が女性に対して歌った歌でありますけれども、しかし、この創世記2章の語るところを、思いめぐらしながら読めば、すべての私たちの仲間に対して、あなたは私の大切な、愛おしい存在だと歌っている歌。

イエスさまは自分自身のように隣人を愛しなさいと命じられました。でも、それはすでに創世記に記されている。決してイエスさまの新しい戒めではないです。そもそも私たちは互いに愛し合うために造られた。そのように造られているから、そのように生きるときに私たちは満たされる。それは罪によって損ねられてしまっているんだけれども、でもイエスさまの十字架と復活によって、私たちの内にこの愛の歌が回復し始めている。ますます回復し続けているということを覚えたいと思うんです。

こうして2章はすべての人の、人と人との関係について大切なことを教えていると思うんですけれども、でもやっぱりその中でも最も密接な人間関係として、結婚の関係が取り上げられています。24節に「それゆえ、男は父と母を離れ、その妻と結ばれ、ふたりは一体となるのである。そのとき、人とその妻はふたりとも裸であったが、恥ずかしいとは思わなかった」とある。

聖書は男性と女性を全く同等の人格として見ています。あの「助け手」というのは、男の助け手が女っていう、それも決して男性が主たる主人公で女性は補助的な役割を果たすと言ってるのでは全然ないのです。そうじゃなくて、互いが互いの助けですから。助け手ですから。助け合うために作られている。同じようにこの22節の「神である**主**は、人から取ったあばら骨を一人の女に造り上げ、人のところに連れて来られた」っていうのも、決してこれは男尊女卑のようなこと言ってるのではない。そうじゃなくて、むしろ男性と女性が同じであることを言っている。同じ材料で作られている。他の動物に関してこういうことは言われてないわけです。男性と女性は全く同質であって、同等であって、そしてその男性と女性が一体となるために大切なことがここに二つ述べられていると思います。これは結婚関係だけじゃなくてすべての人間関係にも、また等しく大切なことだと思いますけど、一つは父母を離れること。

父母を離れるっていうのは別居するか同居するかっていうそういうこと言ってるんじゃないです。精神的な自立のことを言ってる。この夫も妻もそれぞれの環境の中で、それぞれの育った家庭の中で、大人になってきたわけですから。それぞれに家の色があり、その家のコミュニケーションがあり、その家の考え方、感じ方、語り合いの仕方があるわけですよね。そこから出てきた男性と女性が、今度はまた新しい家を作っていくわけです。そこにはまた新しい語り合い方があり、新しい良きものがあり、この新しい喜びがそこにあるはずです。ある牧師がこんなことを言っておりまして、色に例えて言うならば、例えば夫の実家の色を赤という色だと考えてみましょう。妻の方の実家の色を黄色という色だと考えてみましょうと。その時に、新しく結婚して家を作った時に、その家を夫が、自分の家の色である赤い色にしようと思ったらどうなるでしょうか。逆に奥さんの方が、自分の実家の色は黄色だから、黄色い家にしようと思ったらどうなるでしょうか。それは、父母を離れていることではないんだっていうことです。父母を離れるっていうことは、もともと赤であり黄色であるっていう、そういうDNAを持ってるわけですけれども、そういう家風と言うんでしょうか、ものの考え方を持っているわけなんだけれども、でもその二人で新しい色を造り出していくことなんだ。赤と黄色が混じるとオレンジ色になるのかもしれませんけれども、今まで見たことのなかった色を。でもその二人でなければ作り出すことができない色を、作り出していく。それが「それゆえ、男は父と母を離れ、その妻と結ばれ、ふたりは一体となるのである」という意味なんだと言っていました。今までと全然関係ないわけじゃないんですね。急に青になったり、緑になったりするわけでもない。もちろん私は私で私の考え方があるんだけれども、感じ方があるんだけれども、それが私とは違う、この配偶者の感じ方や考え方と一つとなって行く時に、もっと豊かで、もっと麗しい、もっと楽しい、もっと自分たちの、これが私たちの家ですと言えるような、そういうものが生み出されていくっていう、そのために家庭を神さまが与えてくださった。だから神さまが私たちの家庭の中に、人間関係の中に作り出してくださる色は赤でもない。赤でもないから、なんかちょっと居心地が悪いかもしれない。黄色でもない。そっちもそっちで居心地が悪いかもしれない。でも私たちにとって、このオレンジ色が最高の色です。神さまが作り出してくださる色です。神さまはそういうふうに私たちの人間関係を作り出してくださるっていう、そういう信仰を持つ。父母を離れるということ、これが一つ大切なことだと思います。人間関係でも同じですよね。私は今までこういうふうにやってきたんだからって言って、新しい人と仲間になって、でもそれを主張し続けたらそれは新しい関係の素晴らしさを生み出すことにはならないと思います。誰かがそこに加わったら、その場がまた変わっていく。豊かなものになっていくはずです。一方、もう、相手の色に合わせちゃおうっていう、私は何も言いませんって言って、それもまた違うんですね。豊かなものに、もっと豊かなものになっていく、そのために仲間が与えられているということなんです。

もう一つのことは、率直に向き合うっていうことです。25節には「そのとき、人とその妻はふたりとも裸であったが、恥ずかしいとは思わなかった」。これはもちろん、肉体的な性的なことも意味しているわけですけれども、それだけじゃなくって、率直に向き合う関係というものを、意味していると思います。これもある牧師が実際に経験した、味噌汁事件っていうのがあるんだそうです。若い、男女が結婚しました。とても気があってた。二人ともスポーツが好きで、とても気があっていた。ところが、出身の地方が、違うもんですから、味噌汁の好みが違うっていうんですね。夫は濃い味の赤味噌の味噌汁が好きというんで、岐阜か名古屋かその辺の、中部地方だったかもしれないです。ところが、その女性の方は、白味噌で出汁の効いた薄味のやつが好きなんだっていうわけです。なので、黙ってると白味噌の味噌汁が出てくるわけです。夫は、せっかくまあ奥さんが作ってくれたんだからと思って、食べようと思って食べるんだけれども、やっぱりどうしても好きになれなくて、つい残す。残してしまう。その時に何も言わないで残してしまってたと、いうわけです。奥さんの方では、味噌汁を作るのに、なんで夫が残しちゃうのかわからないから、これもまた何も言わずにいろいろ考えるわけです。疲れているのかな、とこう思っても、そうでもないな、いつでもそうだから。理由が分からないままに色々悩んでいて、小さなことなんだけれども、それが大きなすれ違いに発展していったっていうようなことがあった。とても単純化された話だと思うんです。味噌汁のことだけじゃないはずです。この話が言おうとしているのは。他にもいろんなことがあったんだけれども、そこで率直に、自分がどうして欲しいのか、あるいは、自分はこのことが気になって、どうして味噌汁食べられないの？　っていうことも、訊くことができなかった。そのようなことが色々あったんだと思います。味噌汁のことじゃなくて、二人の向き合い方が、問題になっているのです。味噌汁のことで言えば、夫が率直に、実はあの白味噌っていうのが、どうも苦手でねって言うことができたら、じゃあ他にもいろいろ違いがあるんじゃないかなぁって言って、そんなことからまた、いろいろなコミュニケーションが発展したかもしれない。そのときにもちろん、ただ率直って言うんじゃなくて、妻への労わりと、また感謝を十分に表現しながらそういう言葉をかけることができたかもしれない。またこの奥さんの方でも、ただ一人で悩んでいるんじゃなくて、咎める口調じゃなくって、どうして？　って言って訊ねることができたら違っていただろうと。なんで率直であることができないんだろう、私たちは。やっぱり恐れがあると思います。こういうことを言ったら、もう自分の料理が気に入らないと思っちゃうんじゃないかとか、いろんなこと思っちゃうわけですよ。でも神さまは、いろんなすれ違いを通して、いろんな良くないことに思えるようなことを通しても、さらに豊かなことを、それがあったことによって、かえって素晴らしい結果を生み出すことができるお方。さらに良い関係を生み出してくださるお方を信頼して、互いに仕え合い、互いに大切にし合って生きること、率直に向き合うということ、このことはとても大切なことだと思います。それは結婚だけではなく、すべての人間関係でも同じ。神さまに期待して、相手と自分との関係は、率直に話し合わずに、「自分の言うこと聞いとけ」っていうのでもなく、言うことを聞かせようと押し付けるのでもなく、新しい色がそこに生み出されていく、豊かな関係が築かれていくことを、主に信頼して、そして率直に向かい合っていく、それが神さまに喜ばれる生き方です。

私たちは率直の意味を取り違えやすいですね。そういう弱さがあると思います。私たちが、取り違えて、「率直に」っていうのは自分の言いたいことを言うっていうふうに、あるいは、言われたことをそのまま聞くっていう、そういうふうに間違えてはならないですね。そうじゃなくって、みことばを通して、神さまがどのように互いにケアすることを教えておられるかってことを、学んでいく。そして、教会は愛の実験室ですから、良い色が、もっといい色を作り出すことができるように実験を繰り返していく、そのような、人間関係の成長っていうこと、そのようなところを通しても、私たちがなお、互いに覆い合うということを学んでいくことができると思います。

私たち同士の関係っていうのは、試練の中で、揺らぎもすれば、また逆に絆が深められていくっていう、それが両方起こりうる、ということもまた知っておきたいと思います。試練にあう時、よく起こりがちなのは、恐れから、つい互いを責めてしまう、相手を責めてしまうということがよく起こります。自分の中にある不安や恐れを怒りに変えて、相手にぶつけてしまったりってことも起こり得ます。そうすると、誰もが不幸になってしまう。互いが互いの助け手になるってことができなくなってしまう。

北朝鮮に拉致された横田めぐみさんのご両親さんは、本当に高齢になられたなぁって思いますけれども、あのご夫妻を見ると本当に胸が痛みます。めぐみさんが北朝鮮でどんなに痛んでるだろうな、悲しんでるだろうなって事を思っても、助けに行くこともできない。そんな中で二人で、救援活動をずっと必死で訴えて来られた。まだ解決されていない。一日も早く解決されることを祈るものですけれども、お二人を見ていると、あの試練が、この二人の間に溝を生み出したのではなくって、かえって絆を深いものにしているなってことを見ることができます。支え合って歩んでこられた。やっぱりそこに神さまの大きなあわれみ、神さまの目に見えない、この支えを感じることができます。この大きな試練の中にある時に、私たちはそういう時こそ互いの助け手で、良き助け手であることができます。試練の中で、試練があるから、お互いのことを助けることができないんじゃなくて、試練の中でこそ、ますます深い絆に生きることができるという、そういう神の恵みがあるんだっていうことを、覚えておきたいと思います。

それにつけても、愛とは強烈なものだと思います。愛し合うために作られた私たちなんですけれども、だからこそ自分の愛が受け入れられなかった時に感じるこの痛み、あるいは自分が愛されてないんだって感じる時に、感じる痛みっていうのは激しいものです。いつも申し上げますが愛の反対は無関心です。憎しみは愛の反対じゃなくて愛の裏返しなんです。愛しているから、愛されたいと思ってるから、満たされなかった愛の裏返しとして憎しみが、起こるっていう。こんな激しい愛を神さまは私たちに与えられている。時には扱いかねるような、激しいものだと思います。このような不完全な私たちに、そんな愛というような大きな力を持つものを与えておられる神さまは、とても大胆なお方だなって思うんです。

しかし、神さまの大胆さには裏付けがあります。2章の7節「神である**主**は、その大地のちりで人を形造り、その鼻にいのちの息を吹き込まれた。それで人は生きるものとなった」。これは人間だけについて言われてることです。「息」っていうのは、「霊」という意味を持つ、そういう言葉であります。霊という意味も持っている言葉。神の霊、聖霊が人に与えられる。罪によって、損なわれているんだけれども、でもイエス様の十字架と復活によって、この私たちは、また新しく生まれ、そしてイエス様が弟子たちに聖霊を受けよと言って息を吹きかけてくださったように、御霊に満たされて神のいのちに生きるものとしていただいている。扱いかねるような強烈な愛、この用い方によって本当に、良い事にもまた恐ろしい結果も招きかねないこの愛ですけれども、聖霊によって神さまは助けてくださって、この愛を豊かに私たちに注ぎ込んでくださり、私たちもまたそれを神と人と世界を愛するため注ぎ出すことを助けてくださいます。

愛は決して絶えることがない。そう、パウロも記している。先週、イギリスの神学校でお世話になった恩師の教授からメールが届きました。その中にエリザベス二世、あのイギリス女王の言葉が記されておりました。“Grief is the price we pay for love.”「悲しみは、私たちが愛ゆえに支払わなければならない代価である。」悲しみは、私たちが支払わなければならない代価なんだ。愛ゆえに、なぜ私たちは召された人を思って悲しむのか。それはその人を愛していたから。愛してなかったら、そんな悲しんだり痛んだりしないだろう。深い悲しみがあるのはなぜか、それは深く愛しているから。この言葉は2001年の9月の21日に、エリザベス二世が語った言葉なんだそうです。これは、あのアメリカの同時多発テロ、9・11の10

日後に語られた言葉。あのテロで家族を亡くした、仲間をなくした犠牲者たちの、残された人々に対して、悲しみは私たちが愛ゆえに支払わなければならない代価であると語ったんだそうです。愛がなければ悲しむこともない。時々ふと思うことがあります。こんなに悲しいんだったら最初から愛さなければよかったのかなーって。もし娘が産まれてなかったら、どうだったんだろう。でもやっぱり、たちまちそんなことないってね。やっぱり娘と生きた日々っていうのを手放すことなど決してできないなと思う。やっぱり娘は確かに存在していた、そして今は、確かに存在していた人間と会うことができないってことに改めて気づいて、愕然とするようなこと繰り返してる。愛している者と会えないというのはやっぱり、異物のような、あるべきでないものが私たちの人生に入り込んできたような、不可解な経験です。やっぱり、おかしいと思う。召された者と、愛する者と一緒にいるのが本当だろうと、そう思う。だから、悲しみは私たちが愛ゆえに支払わなければならない代価であると言われたって納得できない。「それだけ愛してたんだね」って言われても、「だからどうなんだ!」と思う。ところがその教授のメールには続きがあって、そこで終わってない。「悲しみは、私たちが愛ゆえに支払わなければならない代価である。でも、あなたがたは知っているではないか。あなた方には希望があるではないか。その希望は、復活したイエス・キリストが与える希望なんだ」と書いてありました。金曜日に十字架に架けられて死んだイエス・キリストは、三日後の日曜日に復活した。あなたがたには、その希望がある。今、愛する娘が召されたために悲しんでいるけれども、その痛みは深いものがあるけれども、愛すれば愛するほど深いものだけれども、けれども希望がある。それはイエス・キリストが死んで復活したということ。イエス・キリストを信じる者たちはやっぱり復活する。悲しみがどんなに深くても、そのことを私たちはいつも握りしめている必要があるというふうに書いてくれていました。愛は本当に、永遠です。本当に神さまの与えてくださった、造りだしてくださったこの愛は。死もまた、私たちからその愛を奪うことができない、終わらせることができない、永遠に、神が与えてくださった仲間たちから私たちを隔てることはできないということであります。

私たちに与えられているこの仲間たちや家族のゆえに、神さまに感謝したいと思うんです。互いが互いの助け手となるために、この仲間を与えてくださった。私たちも、神さまから与えられている愛を惜しみなく、なお、注ぎ与えていきたいと、そういうふうに思います。

ああ、アダム

聖書　創世記3章1～12節
1 さて蛇は、神である**主**が造られた野の生き物のうちで、ほかのどれより
も賢かった。蛇は女に言った。「園の木のどれからも食べてはならないと、神
は本当に言われたのですか。」2 女は蛇に言った。「私たちは園の木の実を食
べてもよいのです。3 しかし、園の中央にある木の実については、『あなた
がたは、それを食べてはならない。それに触れてもいけない。あなたがたが
死ぬといけないからだ』と神は仰せられました。」4 すると、蛇は女に言っ
た。「あなたがたは決して死にません。5 それを食べるそのとき、目が開か
れて、あなたがたが神のようになって善悪を知る者となることを、神は知っ
ているのです。」6 そこで、女が見ると、その木は食べるのに良さそうで、目

に慕わしく、またその木は賢くしてくれそうで好ましかった。それで、女はその実を取って食べ、ともにいた夫にも与えたので、夫も食べた。[7] こうして、ふたりの目は開かれ、自分たちが裸であることを知った。そこで彼らは、いちじくの葉をつづり合わせて、自分たちのために腰の覆いを作った。[8] そよ風の吹くころ、彼らは、神である**主**が園を歩き回られる音を聞いた。それで人とその妻は、神である**主**の御顔を避けて、園の木の間に身を隠した。[9] 神である**主**は、人に呼びかけ、彼に言われた。「あなたはどこにいるのか。」[10] 彼は言った。「私は、あなたの足音を園の中で聞いたので、自分が裸であるのを恐れて、身を隠しています。」[11] 主は言われた。「あなたが裸であることを、だれがあなたに告げたのか。あなたは、食べてはならない、とわたしが命じた木から食べたのか。」[12] 人は言った。「私のそばにいるようにとあなたが与えてくださったこの女が、あの木から取って私にくれたので、私は食べたのです。」

第四主日の礼拝にようこそいらっしゃいました。今日開かれております箇所はとても有名。アダムとエバが禁じられた木の実を食べてしまう箇所ですが、ここを読む人が必ずと言っていいほど不思議に思うことがある。それは、なぜ神さまは食べてはならない実を造られたのか。とても美味しそうで、良さそうな木であり、実であったということですから、そんなふうに造っておいて、しかも食べるなというのは、何かとてもわけのわからないような、見ようによっては意地悪な神さまのようにも思います。私も最初にここを読んだ時に、聖書の神さまっていうのは得体のしれない神さま、恐ろしいようなところがある、人間の運命をもてあそぶような神さま、そういうイメージを持ちました。そういう方は多いんじゃないかと思います。

ところが実はこの園の中央にはもう一本、木があった。2章9節。「神である主は、その土地に、見るからに好ましく、食べるのに良いすべての木を、そして、園の中央にいのちの木を、また善悪の知識の木を生えさせた」と。園の中央ってことは特別な木ということ。特別な二本の木があった。ところが、その二本の木の両方が禁じられていたわけではないんです。いのちの木の実は禁じられていない。ですから神さまは、この二本の木のうちいのちの木の実を選ぶことを期待された、望んでおられた。アダムという言葉は、「人間」を意味する言葉。ですから、ここで問われているのはすべての人のこと。すべての人がいのちを選ぶことを、神さまは望んでおられ、私たち一人ひとりも例外じゃない。私たちの目の前にも、いのちの木と、そうではないいのちに背を向ける木があって、私たち一人一人がアダムであって、今日、このいのちの木を選ぶようにと、招かれている。それは創世記3章の時だけではなく、いつの時代も、いつも神さまはご自分に向かって、いのちに向かって、私たちを招いておられる。

一か所開きましょう。申命記30章19節。イスラエルの人びとがエジプトから脱出して、旅を続けてヨルダン川を今から渡ろうとしているところですね。その時に神さまがモーセを通してイスラエルの人びとに語られた言葉です。「私は今日、あなたがたに対して天と地を証人に立てる。私は、いのちと死、祝福とのろいをあなたの前に置く。あなたはいのちを選びなさい。あなたもあなたの子孫も生き」とあります。「いのちを選べ」と。エジプトから救い出されて神の民とされたイスラエルの人びとに対して、「あなたは、あなたがたは、神の民となったのだから、これからも生涯を通していのちを選び続けなさい。いのちを選ぶということは、神さまを愛し、神さまに従い、神さまにすがることだ。神さまがあなたのいのちなんだ」と、そう語られています。ですから、神さまは、最初の人に対してだけではない、すべての人に二つの選択肢を置いている。エデンの園でいうならば、食べることが許されてるいのちの木の実、もう一つは禁じられている善悪の知識の木の実。「あなたはどちらを選ぶか。いのちを選びなさい。いのちを選んで神さまを愛し、たがいを愛し、その愛がいつまでも続くほうを選びなさい」とおっしゃる。私たちの前にもいつも二つの道があります。片方はいのちの道、神さまを愛し、神さまに従い、神さまのみこころを願って生きる生き方。もう片方は　神さまを愛さず、神さまに従わない生き方。自分の力で知識を手に入れ、神さまを押しのける生き方。聖書がいましめる、自分が神になろうとする生き方。いのちに背を向けるならばそんな滅びを刈り取る生き方を選ぶことになってしまう。神さまは私たちが選択の余地がないからいのちを選ぶのではなくて、自分から進んでいのちを選ぶことを望んでおられる。創世記には神さまが作られた世界が非常に良い世界であったとある。しかしその非常に良いと書いた後でいのちを選べ、と言う。ですから、この世界が本当に神さまの御心にかなう世界として完成されるためには、人が神さまを選ぶ、人が神さまを愛することを選ぶことが、欠くことができない。神さまは、私たちが神さまを愛することを選ぶことによって、この世界を完成させようとした。それは神さまにとって大事なことだった。人間が神さまを愛そうが、愛すまいがどちらでもいいのではなくて、神さまを私たちが愛することによって、初めて私たちの生涯は、意味あるものとなり、豊かなものとなり、それを通して、世界が調和のとれたものになっていく。

「樋野興夫《ひのおきお》」というクリスチャンの医師がいます。順天堂大学医学部（附属順天堂医院）の医師で、がん哲学外来というのを始めた先生。このがん哲学外来は、最近あちこちでも広まっている。教会でも開かれている。全国的に広まってきたので、樋野先生はNPO法人でがん哲学外来の普及にあたっている。癌と哲学はどういう取り合わせなんだろうと思うが、癌にかかった本人や家族は死を意識する。自分がこれまでいかに生きてきたかってことを、振り返るようになる。そして癌の場合は余命を告知されるっていうことも多いですから、自分が死ぬまでに何をなすべきだろう、どのように時を過ごすべきだろう、と真剣に考え始める。けれども医療の現場では、患者に対して医師は、病状を伝え、考えられる治療の手段はこうです、というところで手いっぱい。「私の残された人生、私はどのように生きたらいいんでしょう。先生、私はどういうふうに心を保ったらいいんでしょうか」と聞かれても、とても手がまわらない。でも樋野先生は、それでは本当に患者さんが必要としていることを提供することができない、と感じた。

患者が尊厳を持って人生を生き抜くことに、関わる者たちは心を砕く必要がある。樋野先生はクリスチャン。ですから、ガン福音外来でも良かったかもしれませんが、それでは入口が狭められてしまいますので哲学という言葉を用いた。哲学というのは難しいことではない。「私が生きてきたその生き方はどうだったか。私の人生の残りを何のために生きていくのか」。これがまさに哲学。樋野先生はいろんな本も著しておられる。その中にがん患者との一問一答を記した本もある。その中に余命宣告を受けて絶望感に襲われた患者の質問が載っていました。その患者さんは「自分があと数か月で死ななければならない、ということを受け入れることができません。何も手につかない。気持ちの整理がつかない。先生、私は心をどのように保ったら良いでしょうか」と訊ねる。これはお医者さんにする質問じゃない。でも樋野先生のこれに対する答えに私は驚かされた。「あなたは生命よりも大切なことはない、という考えを捨てなければならない」と言う。これは、医者の言葉としてはもってのほか。医師の仕事は、生物的な生命を大切にし、長らえさせ、出来るだけ保つこと。だけど、「それではあなたの悩みに応えることはできない」とこの先生は言う。あなたは生命より大切なものはないというその考えを捨てる必要がある。いのちよりも大切なものがあると、そのことを認めた時にあなたは本当に生きることができる。生命より大切なものとは何か。それは自分に与えられた使命と役割を最後まで果たすこと。やっぱりクリスチャンだなと思うのは、その後ルターの名前が出てくる。ルターは「たとえ明日世界が終わるとしても、私は今日リンゴの木を植える」と言った。その言葉をちょっと変えて、樋野先生は「明日この世を去るにしても、今日の花に水をやることがあなたの役割なんだ」と言う。例えば残されていく家族のために愛した彼らを励ましたり、自分のことを大切にしてくれてありがとうと言ったり、思い出を残したりすることかもしれない。それは人によってそれぞれなんだけれど、でも、あなたにはあなただけに与えられた使命があってそれが生命よりも大切だ、ということに気がつく時に、あなたは本当に生きることができる。これはなかなか言えない。生命よりも大切なものがある、と言い切る。これはやっぱり信仰者。一般向けの本なので、直接には神さまを語ってはいない。けれども単なる気休めじゃない。自分の使命や役割に心を向けたら気が紛れるなんてことを言ってるんじゃない。本当のことを言っている。人間が何のために生きているか。愛するために生きている。神さまがそのためにいのちを与えてくださって人生を生きさせてくださった。自分を与えるために。聖書によるなら、そこには生命よりも大切なものが教えられている。聖書が「いのちの木の実」という、「いのちを選べ」という時、それが意味しているのは生物学的な生命のことではない。それでなくて今から始まって、復活を経て永遠に続いていくいのち。そのいのちを生きる時に私たちの使命や役割が果たされていきます。神さまを愛し、仲間を愛する私たちの使命が、永遠のいのちの中で果たされていく。私たちの前に二つの道があります。一つはいのちの道であり、もう一つはそのいのちに背を向ける道。神さまは私たちをいのちの道へと招いておられます。

最近シリアでずっと内戦が続いています。化学兵器がまた使われたとの疑いが持たれ、対抗してそれをやめさせるために、米英仏の三か国がミサイル攻撃を行った。こういうニュースを聞くと、私たちはやっぱり知識の使い方を間違えていると思う。シリアが悪いとか攻撃した方が悪いとか、じゃない。みんな間違ってしまった。いろいろな知識を持っている。その知識を用いて非道をなし、その非道を止めるためにまた非道がなされる。泥沼のようなところに入り込んでしまっている。それはなぜか。いのちの木に背を向けて、いのちに背を向けて知識を手に入れたらどうなるか。知識は良いもの。けれども神に背を向けた人びとの手に知識があるならば、災い。

創世記3章に戻って、5節「それを食べるそのとき、目が開かれて、あなたがたが神のようになって善悪を知る者となることを、神は知っているのです」と誘惑がきた。「あなたたちは神さまになる。あなたたちは、もういちいち、これは神のみこころだろうか。これはやっていいのか、わるいのか、なんて気にしなくてもよくなる。自由に神さまなしに生きていくことができる。素敵じゃないか」とささやかれた。

そして世界に罪が入りこんだ。けれども、それが本当に自由であったか。たがいに対する恐れに支配されて自分でも望んでもいない戦いを行ってしまう。神さまが与えてくださる本当の役割や自分の使命がわからなくなって、自分でもむなしいと思うことのために、時間を費やしている。本当に神のようになったんだろうか。神になりたいと思って、逆に神のかたちに似せられた、愛するために造られた私たちが、その愛をなくしてしまった。神さまから遠く離れてしまった。これが、いのちに背を向けた結果。しかし、もし人が、この誘惑に対してノーと言っていたらどうだったか。はっきりと「違う！　私は神さまを愛する。神さまに従い、神さまにすがり、いのちを選ぶ。神さまが私に与えてくださっている、愛するという使命と役割を、私は喜びをもって果たしていく」、そういうふうに選んでいのちの木の実を食べたなら、世界は全く違ったものになっていたに違いない。そういう選択をしたら、神さまは「よくやった。あなたはいのちを選んだ。だから今こそあなたに善悪の知識の木の実を与えよう。これを用いて、この世界を非常によく管理するがよい。たがいの間の愛をあふれるほどに増し加えたらいい」と、善悪を知る知識の実を与えてくださったに違いない。

だから神さまは、人が神さまを選ぶことをまず見届けなければならなかった。愛は強制されるものではなく、自ら自発的に告白するものですから。人が愛を選ぶときにほんとうの幸いが実現していく。世界の始まりのときだけではなく、今も神さまは、私たちの前に二つの道を置いている。遅すぎるということはない。いつでも、立ち帰っていのちを選ぶことを待っておられます。私たちは既に神さまを選んだ一人ひとり。選択をした私たちがここに集っている。しかし、そういう私たちは毎日選ぶ。今日、選んだら明日も。明日、選んだらあさっても。いのちを選び続け、いのちの中に留まり続ける必要がある。「いのちを選びなさい」と言われると、私たちはすぐ、何か素晴らしいことをしなければいけないのか、普通では出来ないようなことをしなければならないのか、と思う。でも神さまが私たちにいつも何か要求ばかりしておられるお方だと、思わないでいただきたい。神さまは私たちが弱り果てた中で、わずかに神さまの方に手をのばす、わずかに神さまの方に顔を向ける、それをご自分を選んだということと見なして、喜んでくださる方であることを、覚えていただきたい。

私たちはいつも大きな信仰の決断をしているわけではない。むしろ私たちの毎日は平凡な一日。いろんなむなしさの中にいる一日。その中で私たちのわずかな、神さまあなたを選びたい、あなたを選ばせてください、と祈るひとことの祈りを神さまが聞いてくださる。だれが作ったか私も知らないのですが、こういう詩があります。

「絶望が私を破壊しそうになるとき、
私はいのちを選ぶ。
神はいったい何を考えておられるのか、と思うとき、
私は信じることを選ぶ。
厳しい現実に苦しみ、逃げ出したくなるとき、
私は忍耐を選ぶ。
失望と悲しみに押し潰されそうになるとき、
私は弱さを打ち明けることを選ぶ。
自分の思い通りに進まぬとき、
私は、手放すことを選ぶ。

人に向かって指をさしたくなるようなとき、
私は赦すことを選ぶ。
諦めたくなるとき、
私は目的を持って行動することを選ぶ。」（出典先不明）

どうしてこんなことができるのだろうか。自分がピンチの時、もう嫌だと思うような時でもいのちを選ぶ、どうしてできるか。人類の最初のアダムが失敗したところで、私たちがどうやって成功することができるか。しかし、イエス・キリストが私たちに与えられ、そしてイエスさまが死んでよみがえって、私たちとともにおられ、このお方が私たちにそうさせてくださる。イエスさまが弟子たちに、「わたしがいのちのパンです。わたしのもとに来る者は決して飢えることがなく、わたしを信じる者はどんなときにも、決して渇くことがありません」（ヨハネ6・35）とおっしゃった。地上の生涯において、いろんな誘惑の中であっても。いつもいのちを選び続けたお方、神さまを選び続けたお方。このお方が私たちを助けてくださる。「あなたはいのちを選びなさい。私が自分をあなたに与えよう。そして私から力を得てあなたは選び続けることができる」とそのように励ましてくださっています。

創世記3章では、人はいのちを選びませんでした。神を愛することを選ばなかった。その結果様々な問題が入り込んで来ました。彼らは自分たちが裸であるとわかった。それで自分たちを覆って、たがいから自分を隠した。たんに裸が恥ずかしかった、ということだけではなく、率直だったたがいの関係に隔たりができた。すぐに彼らは、だれの責任かといって押し付け合いを始める。人と人との間に隔たりが生まれて愛が破れていく。いのちを選ばなかった結果です。

あるいは8節を見ますと、「そよ風の吹くころ、彼らは、神である主が園を歩き回られる音を聞いた。それで人とその妻は、神である主の御顔を避けて、園の木の間に身を隠した」とあります。彼らがそれまで大好きだった神さまから隠れた。神さまとの間に断絶が生じてしまった。そのおそばにいることが、一番よいことである神さまから遠ざかってしまう、という愚かな混乱が起こった。恐れて隠れた。恐れと不安がこの世界に入り込み、たがいの間に敵対が始まり、そして死が入りこんだ。いのちに背を向けたら死が入りこんだ。混乱と断絶、隔たり、不安そして恐れ。みな、いのちに背を向ける時に私たちに入りこんでくるもの。こうして神さまに背を向け、その愛を裏切ったアダムとエバ。けれども神さまは彼らを愛することをおやめにならなかった。ただちに人に呼びかけて、「あなたはどこにいるのか」とお訊ねになった。

福音《ふくいん》とは何か。私たちが神さまの守りの中で正しく生きていくことができるなら、それはもちろん良いことだけれども、本当の福音はそこにはない。私たちが神の御心《みこころ》に沿わない者になった時に、「あなたはどこにいるのか」と訊ねてくださる、探してくださる、そして連れ戻してくださる、それが本当の福音。だから私は神さまから離れている、神さまに背を向けてる、そのことに気づかされた、あなたのために福音はある。神さまは探してくださる。そして「あなたはどこにいるのか」というのは、決して問い詰めるような口調ではなかったでしょう。「私はあなたを愛している。あなたを何とか贖《あがな》いたいと思っている。あなたのためにはどんなことでも私は与えよう」、そう言って、御子《みこ》（イエス・キリストのこと）を与えてくださった。この父なる神の「あなたはどこにいるのか」という声が聞こえた時に、「私は、あなたを恐れて隠れています。探さないでください」などと答えてはならないと思います。そうではなくて「父よ、ここに私はいます。罪びとの私をあわれんでください。赦して、受け入れてください」と申し上げるおたがいであることができるように、と思います。そうすれば、父は私たちをイエス・キリストのいのちで満たしてくださいます。

失楽園

聖書　創世記3章13～24節

13神である主は女に言われた。「あなたは何とい
うことをしたのか。」女は言った。「蛇が私を惑わしたのです。それで私は食べました。」14
神である主は蛇に言われた。「おまえは、このようなことをしたので、どんな家畜よりも、
どんな野の生き物よりものろわれる。おまえは腹這いで動き回り、一生、ちりを食べるこ
とになる。15わたしは敵意を、おまえと女の間に、おまえの子孫と女の子孫の間に置く。彼
はおまえの頭を打ち、おまえは彼のかかとを打つ。」16女にはこう言われた。「わたしは、あ
なたの苦しみとうめきを大いに増す。あなたは苦しんで子を産む。また、あなたは夫を恋
い慕うが、彼はあなたを支配することになる。」17また、人に言われた。「あなたが妻の声
に聞き従い、食べてはならないとわたしが命じておいた木から食べたので、大地は、あな

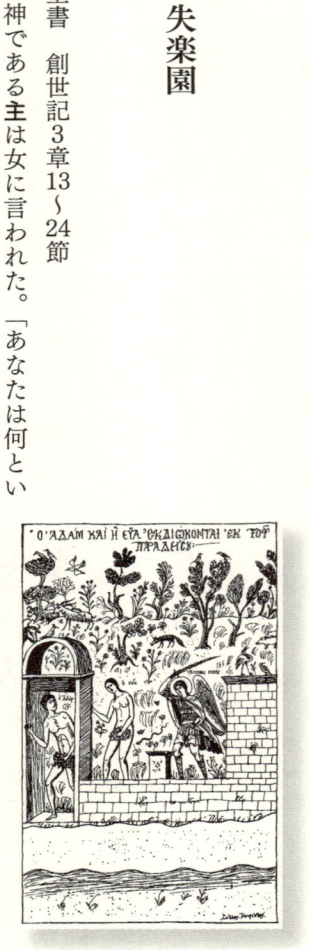

たのゆえにのろわれる。あなたは一生の間、苦しんでそこから食を得ることになる。
18 大
地は、あなたに対して茨とあざみを生えさせ、あなたは野の草を食べる。
19 あなたは、顔
に汗を流して糧を得、ついにはその大地に帰る。あなたはそこから取られたのだから。あ
なたは土のちりだから、土のちりに帰るのだ。」
20 人は妻の名をエバと呼んだ。彼女が、生
きるものすべての母だからであった。
21 神である**主**は、アダムとその妻のために、皮の衣を作って彼らに着せられた。
22 神であ
る**主**はこう言われた。「見よ。人はわれわれのうちのひとりのようになり、善悪を知るよう
になった。今、人がその手を伸ばして、いのちの木からも取って食べ、永遠に生きること
がないようにしよう。」
23 神である**主**は、人をエデンの園から追い出し、人が自分が取り出
された大地を耕すようにされた。
24 こうして神は人を追放し、いのちの木への道を守るた
めに、ケルビムと、輪を描いて回る炎の剣をエデンの園の東に置かれた。

今年（2018年）はイースターが四月一日でした。その翌週から、「聖書は物語る」という名前の説教シリーズをはじめて、今日が4回目となりました。全部で、何回になるか、まだわからないのですが、創世記から聖書を貫いている物語をたどっています。

実は、「聖書は物語る」というシリーズの名前を決めるときにかなり迷いました。できれば「聖書が語る神の愛の物語」とでもしたかった。けれども、これではあまり長すぎると思い、迷った末に、「神の物語」と「愛の物語」を、しぶしぶ引っ込めることにしました。

聖書は「神の物語」。これは私たちが聖書を読む上で、とてもたいせつなことだと思います。聖書の主人公は、神さまだということを意味しているからです。聖書は「神が」すべてのものを創造されたことから始まりました。主語は神、主人公は神です。ところが、先週、読んだ3章の初めのところで、人は罪を犯します。神のようになろうとしたのですが、それは自分が世界の主人公になろうとしたことでした。神さまはそのとき、悲しみの声をあげられました。

「神である主は女に言われた。『あなたは何ということをしたのか。』」(3・13)。

神さまが「いったい何ということを」と嘆かれたのです。神さまが「ああ、アダムよ、ああ、エバよ」と悲しんでくださった。「こんなことがなかったらよかったのに」、と声をあげてくださったのでした。

人が世界の主人公であるかのようにふるまうとき、世界に不幸な破れが始まりました。それも三重の破れです。

第一の破れは、人が神さまに背を向け、神さまを忘れ、ついには神さまを無視するようになることです。脇役である私たちが、主人公である神さまを押しのけて、前面に出ようとする。ところが脇役である私たちは、全体の筋書きもわかっていませんし、主人公に必要な資質も持ち合わせていません。ですからたちまち、混乱が始まってしまいます。

第二の破れは、主人公になろうとする自分と、これまた主人公になろうとする仲間のあいだで、どちらが、主人公であるかをめぐって争いが起きることです。ほんとうはどちらも主人公ではなく、脇役。それなのに、主人公である神さまを押しのけて、脇役たちが主役争いをするのですから、もう収拾がつきません。世界はまさに、そのとおりの状況です。私たちもよく知っているとおり。それが16節です。

「女にはこう言われた。『わたしは、あなたの苦しみとうめきを大いに増す。あなたは苦しんで子を産む。また、あなたは夫を恋い慕うが、彼はあなたを支配することになる。』」（3・16）

人と人の関係は、もともとは一体であり、対等でした。それが、支配したり、支配されたり、という関係になってしまったのです。パワハラ、セクハラ、モラハラなどあらゆるハラスメントの元はみなここにあります。

第三の破れは、人と人以外の他の被造物との間に敵意が生じたことです。

「わたしは敵意を、おまえと女の間に、おまえの子孫と女の子孫の間に置く。」(3・15)

「おまえ」というのは「へび」のことです。けれども、敵対したのは「へび」だけではありません。人は造られた世界を、神さまのみこころに従って、管理するように命じられていました。ところが人は管理者の立場を捨てて、主人公になろうとしました。そのとき、世界の調和は失われてしまいました。世界の原理が、「愛のケア」から「弱肉強食」へとゆがめられてしまったのです。

「また、人に言われた。『あなたが妻の声に聞き従い、食べてはならないとわたしが命じておいた木から食べたので、大地は、あなたのゆえにのろわれる。あなたは一生の間、苦しんでそこから食を得ることになる』」（3・17）ともあります。地、つまり地球環境がのろわれてしまったのです。雨が降らないかんばつや、その逆の大雨や洪水が入りこみます。神さまが造られた非常によい世界がほころんでしまっているのです。

人は、こんなに大きな破れを選んでしまいました。私たちも「いったいなんということを」と嘆きたくなります。ましてや、神さまの嘆きはどれほどだろうか、と思わされます。しかし、このとき神さまは、主人公となろうとする人をそのままにしておくことは、なさいませんでした。そのままにしていくなら、人は、主人公きどりで、際限なく、悪を増し加えていくことになってしまうからです。神さまはおっしゃいました。

「あなたは、顔に汗を流して糧を得、ついにはその大地に帰る。あなたはそこから取られたのだから。あなたは土のちりだから、土のちりに帰るのだ。」（3・19）

神さまは、人が果てしなく悪い者になっていくことを、とどめることを願いました。そこで「死」という制限が設けられたのでした。

「神である主はこう言われた。『見よ。人はわれわれのうちのひとりのようになり、善悪を知るようになった。今、人がその手を伸ばして、いのちの木からも取って食べ、永遠に生きることがないようにしよう。』」(3・22)
「こうして神は人を追放し、いのちの木への道を守るために、ケルビムと、輪を描いて回る炎の剣をエデンの園の東に置かれた。」(3・24)

神さまのようになったと勘違《かんちが》いした人が、主人公きどりで永遠に生きることがないよう、神さまは決断をくだしました。愛の交わりのために人を造った神さまです。その神さまにとって、これはほんとうにつらい決断でした。ご自分のおられる園から、人を追い出さなければならなかったのです。こうして、人はエデンの園を失いました。失楽園です。

しかし、神の物語は、そこで終わりではありませんでした。なぜなら、神は愛なるお方だからです。神の物語は愛の物語だからです。終わらない愛の物語、ネバー・エンディング・ラブ・ストーリーだからです。

このあと、神の愛の物語は楽園の外で続いていくことになります。神は人を楽園から追い出されたが、ご自分もまた、楽園の中に閉じこもることをされなかった、ということもできます。イザヤ書を開きましょう。

「ヤコブの家よ、わたしに聞け。イスラエルの家のすべての残りの者よ。胎内にいたときから担がれ、生まれる前から運ばれた者よ。あなたがたが年をとっても、わたしは同じようにする。あなたがたが白髪になっても、わたしは背負う。わたしはそうしてきたのだ。わたしは運ぶ。背負って救い出す。」(46・3―4)

イザヤ46章は、偶像礼拝を行い続けるイスラエルに対して神さまが呼びかけている箇所。生きておられる神さまと偶像が比べられています。生きておられる神さまは、私たちを背負ってくださる。母の胎内にいるときから、ずっと私たちを背負ってくださる。決して見捨てることはない、と約束してくださっています。

「わたしはそうしてきたのだ。わたしは運ぶ。背負って救い出す。」を口語訳聖書では、「わたしは造った。造ったゆえ、必ず負い、持ち運び、かつ救う。」と訳しています。神さまは、私たちを造った。造ったのだから最後まで責任を持ってくださる。いや、最後まで持ち運ぶ覚悟で、どんなことになっても責任を持つ、そういう思いで私たちを造ってくださった。愛するために造ってくださった。

けれども、偶像は、私たちを愛することがない。

「わたしをだれになぞらえて比べ、わたしをだれと並べて、なぞらえるのか。袋から金を惜しげなく出し、銀を天秤で量る者たちは、金細工人を雇って、それで神を造り、ひざまずいては、これを拝む。彼らはこれを肩に担いで運び、それがあったところに安置すると、それはそこに立ったままである。これはその場所から動かない。これに叫んでも答えず、苦しみから救ってもくれない。」(46・5―7)。

偶像は、人に造られて置かれたところにずっと立っている。けれども、神さまは、私たちを愛して、私たちを背負ってくださる。私たちのために、驚くほかない愛を注いでくださるのです。

創世記3章にもどりましょう。15節。ここに、私たちを背負って、救い出す神さまの愛が記されている。愛のお覚悟がはっきりと記されています。新改訳第三版で読みましょう。

「わたしは、おまえと女との間に、また、おまえの子孫と女の子孫との間に、敵意を置く。彼は、おまえの頭を踏み砕き、おまえは、彼のかかとにかみつく。」（3・15）

主イエスの十字架の預言がここにあります。私たちを神さまから離れさせる悪の力を、御子イエスが踏み砕いてくださる。神さまの愛は激しい愛です。私たちを愛するゆえに、私たちをご自分から遠ざける悪を決してゆるしにならない。そのために御子《みこ》をさえも犠牲になさったそんな激しい愛の物語がここにあります。

はじめにもどって、この説教シリーズの名前は、結局「焚き火を囲んで聴く神の物語・説教篇」となりました。「愛の」ということばは、外しても「物語」という言葉は、外さなかったのです。

物語というのは、作り話という意味ではありません。たとえば「私の人生の物語」という表現は、ほんとうのことを意味します。英語で言えば、マイ・ライフ・ストーリー。筋書きがあって、ゴールに向かって、進んでいく。それが、ストーリーです。

昨日は「一年12回で聖書を読む会」がありました。もう6年めになります。5名の方がたが出席なさいました。その中のひとりが、自分の中には、無常観のようなものがある、とおっしゃった。「無常観」というのは仏教のことば、常で無い、と書く。この世のあらゆるものは、移り変わって、少しも同じ状態にとどまらない。変わらないものはなにもないのだから、あきらめてものごとに執着しないようにすること。それが、無常観。

無常観と聞いて、なるほど、と思った。確かに、多くの人びとが、歴史にはゴールがある、ということを考えないで暮らしている、と思います。神さまが目指しておられる歴史のゴールは、世界の回復。非常によい世界を回復し、三つの不幸な破れを回復すること。そのために生きている神さまが働いてくださっている。このことを知らない人にとって、聖書は、守るべき道徳を教えている本に見える。無常の世界を生きていくために、教えとなってしまう。けれども、聖書は、ゴールへ向かう神さまのお姿を記す。私たちを背負って、世界の回復を目指す神さまのお姿を記しているのです。それは心痛むまでの愛のお姿です。

「わたしは、おまえと女との間に、また、おまえの子孫と女の子孫との間に、敵意を置く。彼は、おまえの頭を踏み砕き、おまえは、彼のかかとにかみつく。」(3・15)

神さまは、御子を十字架に架《か》けてくださり、私たちを回復してくださった。神の子としてくださった。そして、私たちも、世界の回復に加わらせてくださる。だから、私たちは、悲しみや失望に出会っても、無常観に沈んでしまうことはない。あきらめない。神さまとともにゴールを目指す。今の悲しみも、神さまがやがて大きな喜びに変えてくださることを知っているのです。

私たちの毎日には、さまざまなできごとが起こってきます。ケアを必要としている家族がいます。それぞれに、なすべき仕事や用事があります。いろいろな体調の変化や病があります。自分と家族の生活を支えていくためにお金のやりくりもしなければなりません。聖書が物語る神の愛の物語を生きることは、そんな私たちの毎日と無関係なことではありません。家族をほったらかしにして、なにか大きなことを新しく始めるというのではないのです。むしろ、私たちが置かれている場所で、毎日なすべきことにていねいに取り組むことです。

世界を支配しておられるのは、主人公である神さまです。私たちは、このお方を愛し、礼拝の中で、その愛を告白します。また、聖書のみ言葉を聞き、そこから神さまのみこころをより深く知ります。そして脇役仲間である兄弟姉妹と共に、祈り、愛し合うことを学ぶのです。そこから、世界の回復が進められていきます。小さな私たちを通して大きな神さまの物語が進められていくのです。

カインとアベル

聖書　創世記4章1～15節

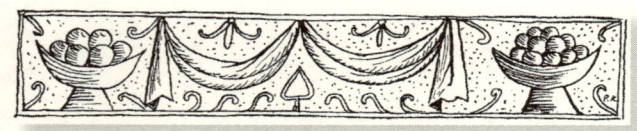

1 人は、その妻エバを知った。彼女は身ごもってカインを産み、「私は、**主**
によって一人の男子を得た」と言った。2 彼女はまた、その弟アベルを産ん
だ。アベルは羊を飼う者となり、カインは大地を耕す者となった。3 しばら
く時が過ぎて、カインは大地の実りを**主**へのささげ物として持って来た。4
アベルもまた、自分の羊の初子の中から、肥えたものを持って来た。**主**はア
ベルとそのささげ物に目を留められた。5 しかし、カインとそのささげ物に
は目を留められなかった。それでカインは激しく怒り、顔を伏せた。6 **主**は
カインに言われた。「なぜ、あなたは怒っているのか。なぜ顔を伏せているの
か。7 もしあなたが良いことをしているのなら、受け入れられる。しかし、も

し良いことをしていないのであれば、戸口で罪が待ち伏せている。罪はあなたを恋い慕う
が、あなたはそれを治めなければならない。」8 カインは弟アベルを誘い出した。二人が野
にいたとき、カインは弟アベルに襲いかかって殺した。9 主はカインに言われた。「あなた
の弟アベルは、どこにいるのか。」カインは言った。「私は知りません。私は弟の番人なの
でしょうか。」10 主は言われた。「いったい、あなたは何ということをしたのか。声がする。
あなたの弟の血が、その大地からわたしに向かって叫んでいる。11 今や、あなたはのろわ
れている。そして、口を開けてあなたの手から弟の血を受けた大地から、あなたは追い出
される。12 あなたが耕しても、大地はもはや、あなたのために作物を生じさせない。あな
たは地上をさまよい歩くさすらい人となる。」13 カインは主に言った。「私の咎は大きすぎ
て、負いきれません。14 あなたが、今日、私を大地の面から追い出されたので、私はあな
たの御顔を避けて隠れ、地上をさまよい歩くさすらい人となります。私を見つけた人は、だ
れでも私を殺すでしょう。」15 主は彼に言われた。「それゆえ、わたしは言う。だれであれ、
カインを殺す者は七倍の復讐を受ける。」主は、彼を見つけた人が、だれも彼を打ち殺すこ
とのないように、カインに一つのしるしをつけられた。

五月の第一主日の礼拝にようこそいらっしゃいました。この朝も創世記が開かれていま
す。先週は3章からエデンの園から追い出されたアダムとエバを語りました。神さまに背を
向けて、楽園を失った二人。でも、神さまのあわれみはアダムとエバから離れたわけではな
かった。神さまの祝福はエデンの園の外にも及んでいて、アダムとエバの間に男の子が生ま
れた。神さまが祝福してくださって、ひとりだけでなく、ふたりの男の子が与えられた。そ
れがカインとアベル。罪を犯した人間だけれども、やっぱり神さまはあきらめておられない。
かつて人を造られたときに「生めよ。増えよ。地に満ちよ。地を従えよ。海の魚、空の鳥、
地の上を這うすべての生き物を支配せよ。」（1・28）とおっしゃった神さまは、アダムとエ
バの罪の後でも、やっぱり、「生めよ。ふえよ。」と祝福する。そして、人と共に働いて、世
界を回復しようとしておられるのです。

創世記の3章からヨハネの黙示録に至るまでの聖書の大きな流れを、もし一言で言うな
ら、あきらめることをしない神さま、という言い方も出来る。私たちが罪を犯して、愛する
ことに失敗しても、でも神さまはあきらめることをなさらない。私たちが堕ちていっても、
その先にまで神さまは行っていてくださって、私たちを引き上げてくださる。神さまはいつ

もそのような神さまです。そんな神さまの憐れみによってカインとアベルという二人の兄弟が生まれました。何で一人じゃなくて二人なのか。それは、助け合って生きるため。愛し合って生きるために、二人は造られた。決して張り合ったり憎しみ合ったりするために二人なわけじゃない。愛し合うために造られたのです。

ところが事件が起こります。二人はそれぞれ神さまに献げものを持ってきます。アベルは羊を飼う人だったので子羊を持ってくる。カインは畑を耕す地を耕す人でしたから、作物を持ってきた。ところが、神さまはアベルとその献げものには目を留められたけれども、カインとその献げものには目を留められなかった。これまた不思議なところ。「なんでこんなことがあるんだろうか。まるで神さまがえこひいきをしているみたいだ」と思う。だから私たちは、カインとアベルの献げものに何か違いがあると説明したくなります。よく言われることは、4節には、「アベルもまた、自分の羊の初子の中から、肥えたものを持って来た」と書いてある。が、カインのところにはそういうことが書いていない。だからカインは一番良いものじゃなくて二番目のものを持ってきたんじゃないか、という憶測。でもこれは憶測であって、ふたりの献げものに何か違いがあったのかも知れないけれど、それははっきりしないのです。

けれども、私たちの生涯を考える時に、なぜかわからないけれども、あの人と私との間に何か取り扱いに差があるように感じられるということはよくあること。そもそも私たちが生まれてくるときに、豊かな家に生まれてくる人もいれば、貧しい家に生まれてくる人もいる。健康に生まれてくる人もいれば、弱い体で出てくる人もいる。だから公平っていうけれど、人にはもともと違いがある。違いがあって生まれてくる。違う人生を生きていく。だからカインとアベルになんでこういう差があるのかと一生懸命考えるよりもなすべきことがある。他の人と同じように公平じゃないように扱われたときに、私たちはどのような生き方をそこで選ぶのか。それがもっとも大事なことであろうと思うんです。

自分が公平に扱われなかったように感じるときに、私たちは、どのように生きることを選ぶか。カインは怒った。「カインは激しく怒り、顔を伏せた」と5節にある。ひどく怒った。先週は、「聖書は神の物語です、神がこの世界の主人公なんです」と言うことを語りました。ところがアダムとエバは神さまを押しのけて自分が主人公になろうとしました。ここでまた同じ事が起こっていることにお気づきでしょうか。カインもまた自分を主人公だと考える。

だから、主人公である自分がなんということだ。特別扱いされないだけならまだしも、公平に扱われなかった。そう感じたときに、自分は怒って当たり前だと思った。だから激しく怒った。残念なのは、このときカインが神さまに、「神さま、なぜ私の献げものには目を留めてくださらないのですか」とお尋ねしなかったこと。率直に尋ねたら良かった。そしたら理由があるならば、教えてくださっただろう。そして、どうしたら受け入れてくださるのか、その方法を教えてくださったに違いない。ところがカインはそうしなかった。プライドがあった。ねじれたプライドがあった。顔を伏せたんです。神さまを見ようとしないで、心を閉ざして、顔を伏せた、目を伏せた。自分を主人公だと考える人は扱いが難しい。とても気難しい。ちゃんと向き合って普通に語り合うことが出来ない。自分の気持ちがひとたび傷つけられたと感じると、それを反芻《はんすう》する。何度も何度も心の中で思い出してはますますその傷を深くしていく。しかし、神の物語は愛の物語。聖書は神の愛の物語。神さまという主人公はどこまでも愛に満ちたお方。だから顔を伏せたカインに神さまは語り続けます。顔を伏せたカインの目を見ることは出来ないですから、神さまはまるでかがみ込むようにして、伏せているカインの顔を下から見上げるようにして、そんな風にへりくだって語りかけてくださった。6節「なぜ、あなたは怒っているのか。なぜ顔を伏せているのか」と。決してあきらめない神さまの姿がここにあります。人間の方では、何様のつもりか、「もう神さまと話をしない」「あなたなんか、もう知らない」と言って顔を伏せています。それなのに、神さまの方がどこまでも向かい合い、そして語り合おうとしてくださいます。返事をしないカインに対して、ご自分から語りかけることをやめない神さまの姿です。

私たちにも同じ事があります。今までもあったし、これからもそう。私たちがたとえ心を閉ざすような時があっても、神さまは私たちを決してあきらめない。私たちに語りかけ続けてくださる、そういうお方。神さまなのに、神さまの方がへりくだって、神さまがていねいに、あきらめないで私たちに語り続けてくださいます。今、怒って、罪を犯そうとしているカインに、神さまはなんとかその罪を犯させまい、とどめようと思って、語り続けられます。「もしあなたが良いことをしているのなら、受け入れられる。しかし、もし良いことをしていないのであれば、戸口で罪が待ち伏せている。罪はあなたを恋い慕うが、あなたはそれを治めなければならない」(7節)。神さまのこの言葉はこうなります。「カインよ、あなたは正しい方を今、選べ。私の思いを知って欲しい。あなたが弟のアベルを愛して、いっしょに生きていく。それが私の思いだ。今、罪があなたを狙っています。獲物を狙う猛獣のように、罪があなたを狙っています。けれどもあなたが私の助けを得るならば、その罪を治めることができます。だから今、顔を上げて、私を仰ぎなさい。そして私の力によって、愛しなさい」そういう風におっしゃいます。

けれどカインは顔を上げなかった。そして一言も返事しないでアベルに襲いかかった。たった一人の兄弟、たった一人の仲間を殺してしまった。主人公になろうとしたから。自分のライバルを取り除いて、自分がただひとりの主人公になろうとしたカイン。その結果カインは仲間を失ってしまった。神さまは私たちのためにも心を痛めてくださっています。私たちが主人公になろうとして孤独になることがないように、愛に背を向けて、気難しい、孤独な主人公になることがないようにと願っておられます。そのために私たちがなすべきことは、神さまを見上げること。顔を伏せてないで、神さまを見上げて、神さまに応答すること。神さまはそう教えて、私たちを招いてくださっています。

こうして世界で最初の殺人事件が起こってしまった。でも驚くべきことは、その後も神さまはカインに語り続けてくださっているということです。捨てないんです。神さまは捨てない。造ったゆえに捨てない。10節には、「いったい、あなたは何ということをしたのか。」この言葉は3章でも語られている言葉。女が罪を犯したときに、神さまは、「あなたは何というこことをしたのか」（3・13）と。人の罪は神さまを深く悲しませる。「いったいなんてことをしてしまった。そうじゃなければよかったのに」と、思わず「ああっ」というような、そのような声を出すようにして、神さまは私たちの罪を悲しんでおられる。罪の結果、カインはその土地を去らなければならなくなる。さすらい人にならなければならなくなる。そのときカインが口を開く。でもそれはカインの言葉は罪の赦しを乞う言葉ではなかった。またアベルのために悲しむ言葉でもなかった。「カインは主に言った。『私の咎は大きすぎて、負いきれません。あなたが、今日、私を大地の面から追い出されたので、私はあなたの御顔を避けて隠れ、地上をさまよい歩くさすらい人となります。私を見つけた人は、だれでも私を殺すでしょう。』」（13―14節）。

神さまが嘆かれたのは、カインの罪であり、アベルの失われた命。でもここでカインが嘆くのは、自分の命が、殺人者を憎む人々の手によって脅かされるんじゃないか、ということ。なんということでしょうか。神さまに対して口を開いたカインが申し上げたのは、自分の命の安全だけ。罪ある人の姿がここにあります。

しかし神さまはどこまでも愛。そんなカインに対して、そうしてあげようと言う。4章の15節には、「主は彼に言われた。『それゆえ、わたしは言う。だれであれ、カインを殺す者は七倍の復讐を受ける。』主は、彼を見つけた人が、だれも彼を打ち殺すことのないように、カインに一つのしるしをつけられた。」とあります。カインをあわれみ、カインを守る神さま。この後、17節を見ますと、カインはその妻をめとり、エノクという男の子を得る。そしてカインは町を建てます。罪を犯したカインですけれども、しかしカインの上にも神さまのあわれみは絶えることがありませんでした。

創世記の3章から4章にかけて、すべての時代のすべての人々に、つまり私たちも含めて、二つの問いが投げかけられていることに注意していただきたい。一つは3章9節にある問い。「神である主は、人に呼びかけ、彼に言われた。『あなたはどこにいるのか。』」。「あなたはどこにいるのか」、これは今の私たちに問いかけられています。あなたは今どこにいるのか。神さまと向かい合い、神さまを見上げているのか、と問われています。こうして礼拝に集っているあなた方の心は私を見上げているか、私の声を聞いて私を主人公にしているか。世界の主人公が神であることを知っているか。あなたはどこにいるのかと、私たちと神さまとの関係がいつも問われています。

もう一つの問いはこの4章9節の問いです。「あなたの弟アベルは、どこにいるのか」。つまり、あなたの兄弟姉妹はどこにいるのか、あなたは彼らをケアしているのか、ということ。カインはこれに対してふてくされたように、「私は知りません。私は弟の番人なのでしょうか」と答えます。これはすでにアベルを殺した後。知らないどころではない。けれども、カインは偽りを言い、そっぽを向いています。神さまはこのカインの「私は弟の番人なのでしょうか」という反抗的な言葉に対しては、直接にはお答えになっていないですけれども、神さまのお心はあきらかです。「そうだ。もちろんあなたがたはお互いに番人だ。番人という言葉が悪ければ、お互いにケアし合う、お互いに守り合う、そういう存在なんだ。見守り合い、支え合い、愛し合う。そのために私はあなた方を2人でおいたのではないか」と。神さまの心はそういう心。神さまは私たちを互いに支え合うために造ってくださいました。そういう私たちの相互の交わりは、罪によってゆがめられてしまってはいるけれども、でも神さまはそれを惜しんでいます。私たちの交わりを回復させるようにと招いておられます。そしてそういう交わりが回復していくというのは、まずそれが教会の中で起こっていく。教会という交わりの中で、愛の交わりが神のこの御思いにおいて実現していきます。

もう7、8年前のことになりますけれども、私が『神の物語』という本を翻訳・出版した。その時にアメリカから著者のロダールという先生が日本に来て、あちこちで講演をした。その中で、関西聖書神学校で語られたのが、カインとアベルのこの箇所です（ヨベル版上巻291頁以下）。特に10節。「声がする。あなたの弟の血が、その大地からわたしに向かって叫んでいる」。ここを中心に説教した。アベルの血が神さまに向かって叫んでいる。何を叫んでいるのか。それは正義を求める叫び。不当な扱いを受けて不当に殺されたアベルが、「神さま私にこのようなことをした者を正しくさばいてください」、そういう叫び。神さまはアベルの叫び、罪の犠牲者の裁きを求める叫びにどうお答えになるだろうか。カインを見るなら、神さまはなおこのカインをも愛して守っておられるように見えます。でもアベルにしてみれば、「そんなのおかしい。あのような罪人は、罰せられ、滅ぼされなければならない」とそのような叫びであったはずです。

でも問題は私たちがカインだということ。私たちもまた罪を犯す罪人で、私たちの罪によって、私たちの犠牲となった人々がいます。命は奪わなかったかもしれないけれど、私たちの愛を貫くことができない生き方によって、傷を受けている人々がいます。「罪人を裁いてください、正しい裁きをしてください」という叫びは私たちを訴える叫びでもあります。そんなふうに訴えられる罪人のカイン、罪人の私たちを、神さまはどのように取り扱われるのでしょうか。

ヘブル書12章を開きましょう。

「しかし、あなたがたが近づいているのは、シオンの山、生ける神の都である天上のエルサレム、無数の御使いたちの喜びの集い、天に登録されている長子たちの教会、すべての人のさばき主である神、完全な者とされた義人たちの霊、さらに、新しい契約の仲介者イエス、それに、アベルの血よりもすぐれたことを語る、注ぎかけられたイエスの血です。」(12・22―24)

アベルの血という言葉が出てきます。新約聖書ではとても珍しい。しかもアベルの血よりもすぐれたことを語る注ぎかけの血について語られています。アベルの血よりもすぐれた血って何でしょうか。これは新しい契約の仲介者キリストの血。イエス・キリストの血。イエスさまが十字架の上で流された血はアベルの血よりもすぐれた血。すぐれたことを語る血。なぜならアベルの血は復讐を求める血。復讐を求めて叫ぶ、正しい裁きを求める血。しかしイエスの血は罪人の赦しを求めて叫ぶ血。イエスさまが十字架の上で「父よ、彼らをお赦しください。彼らは、自分が何をしているのかが分かっていないのです」（ルカ23・34）と叫んでくださった。そして私たちのために死んでくださった。それがイエスさまの血。イエスさまの血が何を叫ぶのか。私たちに赦しを求めて叫んでいる。私たちを赦し、私たちに新しい命と新しい生き方を与えることを、父に願ってくださった。それがイエスさまの叫び。

ですから私たちは主イエスのみ足の後に従っていく。カインのようにではなく。カインは神に背を向けてしまった。自分が世界の主人公だと思い込んでしまった。私たちはそういう生き方をしない。でも私たちはまたアベルのようにも生きません。アベルは正しい裁きを叫んだ。自分に罪を犯した者に対して、正しい裁きを求めて叫んだ。そういう血。でも私たちはそうではない。イエスさまのように兄弟姉妹のためにとりなし、赦し、共に歩もうとする、そのような生き方。主イエスのさらにすぐれた血にならう生き方を、生きていく。

この後、ご一緒に聖餐に与ります。罪ある私たち、カインである私たちは裁かれる他ない存在。けれども、主イエスのさらにすぐれた血によって、もうすでに神の子とされているのです。アベルの血よりもはるかにすぐれたキリストの血によって、お互いは神の子とされているということを思うとき、それが聖餐の時です。

もう一つこの聖餐の時に思いたいことは、こうして兄弟姉妹いっしょに聖餐に与っていることです。昨日はある先に召された教会の仲間の記念会がもたれました。召されて45日目。早かったのか、長かったのか、よくわからないうちに過ごして参りましたけれども、親戚や教会員の方が合わせて15名の方がたが集まりました。その時改めてふと思った。この兄弟はバプテスマを受けてひと月ちょっとで召された。その間ずっと病院におられたので聖餐には与らなかった。けれども、キリスト教会は、その歴史を通じて、聖餐に与ることは、今ここに集っている人たちだけのことではないということを教えてきました。聖餐とは何か。それはキリストの体に与ること。キリストの体は一つ。世界中のどこの教会で行われている聖餐であっても、たがいにそれは繋がっている。世界中のどこの時代に行われた聖餐であっても、それは一つのキリストの体を分けていること。一つにつながっている。どこの教会に属していようと、どこの時代に属していようと、同じ一つの聖餐のテーブルについて、同じ一つのキリストの身体を分け合っている。ですから今から私たちが与る聖餐には、教会の聖餐には与ることがなかった愛する兄弟も連なっている。聖餐というのはそういう壮大な神の物語。

私たちが日常生活の中に目をつける時、神の物語を小さくしてしまう。今、私の目の前にある、このことを解決できるかできないか、そのことだけに目を留めてしまう。けれども神さまがなさってることは、私が今悩んでいる小さな出来事も実は大きな神の物語の中の一部であって、その大きな流れの中で、大きな神さまの愛によって、大きな仲間のつながりの中で、神さまのなそうとしておられることに私たちは取り組んでいくことができるということ。だから私たちが今から与る聖餐には、ペテロもパウロも連なっています。この兄弟やうちの娘、またその他、先に召された人びとも連なっています。今、私たちは彼ら、すべての聖徒とともに主イエスをたたえ、主イエスのいのちに与ります。この聖餐によって私たちがますますキリストの体として互いに固く結ばれ、またキリストにあわされることができるように。

ノアの箱舟

聖書　創世記9章1～17節
[1]神はノアとその息子たちを祝福して、彼らに仰せられた。「生
めよ。増えよ。地に満ちよ。[2]あなたがたへの恐れとおののき
が、地のすべての獣、空のすべての鳥、地面を動くすべてのも
の、海のすべての魚に起こる。あなたがたの手に、これらは委
ねられたのだ。[3]生きて動いているものはみな、あなたがたの食物となる。緑の草と同じよ
うに、そのすべてのものを、今、あなたがたに与える。[4]ただし肉は、そのいのちである血
のあるままで食べてはならない。[5]わたしは、あなたがたのいのちのためには、あなたがた
の血の価を要求する。いかなる獣にも、それを要求する。また人にも、兄弟である者にも、
人のいのちを要求する。[6]人の血を流す者は、人によって血を流される。神は人を神のかた

ちとして造ったからである。7 あなたがたは生めよ。増えよ。地に群がり、地に増えよ。」
8 神は、ノアと、彼とともにいる息子たちに仰せられた。9「見よ、わたしは、わたしの
契約をあなたがたとの間に立てる。そして、あなたがたの後の子孫との間に。10 また、あな
たがたとともにいるすべての生き物との間に。鳥、家畜、それに、あなたがたとともにいる
すべての地の獣、箱舟から出て来たすべてのものから、地のすべての生き物に至るまで。11
わたしは、わたしの契約をあなたがたとの間に立てる。すべての肉なるものが、再び、大洪
水の大水によって断ち切られることはない。大洪水が再び起こって地を滅ぼすようなこと
はない。」12 さらに神は仰せられた。「わたしとあなたがたとの間に、また、あなたがたとと
もにいるすべての生き物との間に、代々にわたり永遠にわたしが与えるその契約のしるし
は、これである。13 わたしは雲の中に、わたしの虹を立てる。それが、わたしと地との間の
契約のしるしである。14 わたしが地の上に雲を起こすとき、虹が雲の中に現れる。15 そのと
き、わたしは、わたしとあなたがたとの間、すべての肉なる生き物との間の、わたしの契約
を思い起こす。大水は、再び、すべての肉なるものを滅ぼす大洪水となることはない。16 虹
が雲の中にあるとき、わたしはそれを見て、神と、すべての生き物、地上のすべての肉なる
ものとの間の永遠の契約を思い起こそう。」17 神はノアに仰せられた。「これが、わたしと、

地上のすべての肉なるものとの間に、わたしが立てた契約のしるしである。」

五月第二主日、母の日の礼拝にようこそいらっしゃいました。「ノアの箱舟」の箇所。ちょうど雨も降って来ました。先週は「カインとアベル」の箇所でした。アダムとエバが、まず最初に神さまに背を向けた。神さまを押しのけて、自分たちが主人公になろうとした。彼らの子カインは、弟のアベルを殺してしまう。愛し合うために造られた兄弟を、競争相手のようにみなし、妬み、憎む。そこにも自分こそが主人公だという思いがあります。

しかし本当の主人公は神さま。世界の主人公が神さまであることを忘れるなら、何もかもがおかしくなってしまう。私たちはこの世界の主人公ではない。神さまが主人公なのです。

このカインから5代目にあたる人に、レメクという人物が出て参ります。4章19節には、「レメクは二人の妻を迎えた。一人の名はアダ、もう一人の名はツィラであった」。二人の奥さん。神さまはもともと一人の男と一人の女が一体となるために、結婚を定めてくださった。それなのに、このレメクになりますと、そういう結婚の祝福が破られていく。損なわれてしまう。レメクは、たいへん傲慢な言葉を口にする。「レメクは妻たちに言った。『アダとツィラよ、私の声を聞け。レメクの妻たちよ、私の言うことに耳を傾けよ。私は一人の男を、私が受ける傷のために殺す。一人の子どもを、私が受ける打ち傷のために。カインに七倍の復讐があるなら、レメクには七十七倍。』」（4・23―24）レメクは自分の受けた傷のために、その傷をつけた一人の若者を殺したと自慢するかのようです。レメクは、「カインに七倍の復讐があるなら」というのですが、これは神さまがカインを守るためにそのようにおっしゃった。それにもかかわらず、レメクは自分で七十七倍の復讐をすると言っている。まさに神さまを押しのけて、自分が主人公になってしまった人の姿。しかしこの言葉は、ほかの人たちに言ったというよりは、妻たちに言った。「私はこんなに恐ろしい人間なんだ」と。いったいどんなつもりだったのか。「自分を怒らせるとどれほど恐ろしいか」と、妻に向かって言う。なにかハラスメントのような、あるいはＤＶのような姿がここにあります。

こうして、アダムとエバからはじまって、まるで下向きに渦を巻く渦巻、だんだん下にいくほど勢いを増していく渦巻のように、世界の罪がはなはだしくなっていくありさまを、ここで見る。人は神のかたちに造られたのに、そのかたちが損なわれていく、激しく損なわれていく。5章1―2節には、しかし人はもともとどのような存在であるかを、我に返らせようとして、思い出させるようなことばがあります。「これはアダムの歴史の記録である。神は、人を創造したとき、神の似姿として人を造り、男と女に彼らを創造された。彼らが創造された日に、神は彼らを祝福して、彼らの名を『人』と呼ばれた」そのあとに続いて系図が書いてあります。神に似せて造られた人の罪が増していく、悪が増し加わっていくそういう有様が、しるされている系図です。

下向きの渦巻は、6章の5節においてどん底に達します。「主は、地上に人の悪が増大し、その心に図ることがみな、いつも悪に傾くのをご覧になった。」いつも悪に傾く。それがどのような悪であるかは、6章の1–2節に記されています。「さて、人が大地の面《おもて》に増え始め、娘たちが彼らに生まれたとき、神の子らは、人の娘たちが美しいのを見て、それぞれ自分が選んだ者を妻とした」。この「神の子」は、「神のかたちに造られた人」という意味に解釈するのが、一番自然だろうと思います。神のかたちに造られた人びとが、好き勝手に、外見を見て妻を好き勝手にめとった。おそらく結婚関係のなかにある妻だけではないでしょう。二人の妻をレメクは持ったとありますから。そんなことが普通に行われるようになってしまった。結婚関係の乱れが起こりました。1対1、男と女という、ひとつとなるように造られた、そういう姿が損ねられてしまう。そのとき神さまは、6章の6節「それで主は、地上に人を造ったことを悔やみ、心を痛められた」とあります。神さまが心を痛められたのでした。

このノアの時代の罪というのは、私たちと関係ないのではありません。先ほど、レメクの傲慢さについて書いてありました。自分の妻たちに、自分の恐ろしさを知らせようとした。なんでそんなことをしたのか。ひょっとしたらこういうことかもしれません。妻が二人いると、必ずそこに持ち上がるいろんな問題がある。レメクに口々に訴えたのかもしれない。しかし、レメクはそういう問題に向き合おうとしない。そもそも二人の妻がいるならば、1対1で向き合うことができない。そして、いろんないざこざを恐怖によって支配して、抑え込もうとしたのかも知れません。「妻たちよ、主人公が誰か知っているのか。このレメク様なのだ。おまえたちは黙って私の言うことを聞いていればいいんだ」などと、乱暴なことを言ったのかもしれない。レメクは目の前にいる人と共に生きることに失敗した。目の前にいる人と一緒に、心をどのようにして通わせるかということを努力して生きるということに失敗した人であった。しかし、私たちもまたしばしば、目の前にいる人と共に生きることに失敗する互いであることを認めざるを得ない。

自分を愛するようにこの目の前にいる人を愛することを、神さまは望んでおられ、聖書に教えておられる。でも、私たちは自分を愛するようには、目の前にいる人を愛することができない。たびたび失敗する。レメクはもうその努力を放棄した。二人の奥さんのどちらとも1対1の関係を生きようとしませんでした。

私が牧師としてものすごく喜びを感じることの一つは、結婚式の司式。なかでも感動的なのは、新婦の手と新郎の手を重ねて誓約をしていただくとき。新郎と新婦が、私の言ったことばの後に、繰り返して誓約をする。「わたしは神の御心に従って、あなたを妻とします（あるいは夫とします）。今から後、幸いなときも悩みのときも、富めるときも貧しいときも、健やかなときも病めるときも、あなたを愛し、あなたを守り、命の限りあなたを保ちます。今これを誓約します」と。二人の人が神さまによって結び合わされる。そして一人の人に「私は命を尽くしてあなたに向き合います」と言い、そういう関係のなかで私たちは成長していくことができる。癒されて、愛に成長していくことができる。共に生きることを学んでいく。だから、私たちの目の前にいる人、そのひとりの人は、とりかえることができない。とても大切な人。ところがレメクはどうであるか。一人の奥さんが病めるときはどうしたか。支えることをしないで、もう一人の奥さんのところにいってしまったかもしれないと思う。もちろん私たちの中には、二人の妻や二人の夫を持っている人はいない。けれども、目の前にいる夫や、目の前にいる妻ときちんと向き合うことができないということは、しょっちゅう起こっている。結婚関係だけじゃない。目の前にいる人ときちんと向き合うことができない。自分を愛するように愛することができない。すべての人がこの痛みを抱えている。そこに罪がある。でも、私たちは今日こういうお話を聞いたから、今日から互いに向き合って、いっしょに互いに向き合って生きるようにしましょうと、思っても、それだけでは変わっていくことができない。

ローマ人への手紙を開きます。

「私は、自分のうちに、すなわち、自分の肉のうちに善が住んでいないことを知っています。私には良いことをしたいという願いがいつもあるのに、実行できないからです。私は、したいと願う善を行わないで、したくない悪を行っています。私が自分でしたくないことをしているなら、それを行っているのは、もはや私ではなく、私のうちに住んでいる罪です。」(7・18—20)

私たちはいつも善をしたいと思っている。いつも自分のように目の前にいる人を愛したいと思っている。それなのに、そうすることができない。パウロはそのように告白する。結婚式の誓約で、幸いなときも悩みのときも、富めるときも貧しいときも、健やかな時も病めるときも、と誓ったのに、そのように愛することができない私たち。そこには深いところに私たちを愛から遠ざけようとする罪の力が働いている。すべての人にこの罪の力が入り込んでいる。そして神さまと私たちとの関係を損ね、私たちお互いの関係を損ねてしまっていることを、ここに見ることができます。

このローマ書のところになにか挟んでおいていただいて、創世記に戻りましょう。6章5―6節。「主は、地上に人の悪が増大し、その心に図ることがみな、いつも悪に傾くのをご覧になった。それで主は、地上に人を造ったことを悔やみ、心を痛められた。」。神さまが心を痛めてくださった。私たちはついつい「神さまは、地上に起こることをすべてに驚いたりしない。なにかあったからといって心を動かされるというようなことはない」と思ってしまう。神さまに心なんてなくて、世界は自動的になんとなく回っているように思ってしまう。だから「私のこんな痛みや悲しみは、神さまにはわからないだろう。神さまは私には関心がないんじゃないか」と思ってしまうことがあります。けれども聖書を見るなら、神さまは心を痛めるお方。私たちに入り込んだ罪を見て、「こんなことになるくらいだったら、人を造らないほうがよかった」とそれほどに嘆いてくださるお方。私たちが罪を犯すときに、その罪は相手を傷つけ、私たち自分自身を傷つけるけれども、しかし、私の罪が最も傷つけるお方はどなたであるのか。それは神さま。私の罪によって最も痛まれるお方はどなたであるのか。それは、神さま。私たちは互いに罪に対してかなり鈍感になってしまっています。でも、神さまは罪に対する鈍感さを持ち合わせていない。だから私たちよりはるかに神さまの心は痛むということを知っておく必要があります。

私たちは罪を犯すとき、なんとかごまかして、自分を守ろうとします。けれども、そんな私たちよりも、神さまのほうがよっぽど私たちを大切に思っておられます。私よりも私を大切に思っておられます。神さまは私のように私をあまやかさない。そうではなくて、神さまは罪から私を離れさせたいと願っておられます。そういうふうに神さまは私たちを大切にしてくださいます。

6章7節で神さまはついに、重大な宣言をなさいます。

「そして主は言われた。『わたしが創造した人を地の面から消し去ろう。人をはじめ、家

畜や這うもの、空の鳥に至るまで。わたしは、これらを造ったことを悔やむ。』」(6・7)

人の罪に心を痛めた神さまは、「すべての生き物を消し去ろう」とおっしゃった。迷いを断ち切ろうとするかのように、口に出してそうおっしゃった。この時、神さまの前には三つの選択肢があった。第一の選択肢は、何もしないこと。何もしないとどうなるか。人の悪がますます増大していく世界を見続けなければならない。私たちが傷つけ合い、殺し合い、ないがしろにしあい、憎しみ合うのを見ていなければならない。これは本当に神さまには耐え難い。

それで二番目の選択として、ここで口に出しておっしゃったようにすべての生き物をほんとうに滅ぼしてしまう。罪がこれ以上増し加わって、私たちが苦しむのをとどめるために、私たちとすべての生き物を滅ぼしてしまうという選択。そうすればもうこれ以上の悪が増えていくことはない。でも、やっぱりそれもできない。愛するゆえにやっぱりそれにも耐えられない。第一の選択と第二の選択、どちらも選ぶことができない神さま。愛ゆえに滅ぼすことも、見ていることもできない神さまは、第三の選択をなさいました。それは、ノアという一人の人に賭けること。6章の8節には「しかし、ノアは主の心にかなっていた」とあります。神さまの心にかなっている人がいた。ノアは主の心にかなっていた、主の心にかなう人とはどういう人か。知りたいと思いませんか。知って私たちもそのようになりたいと。続いて読んでいくとわかりますが、ノアは実は洪水のあとで、酒に酔ってだらしないところを見せる。そういう弱さがある人物です。だから、完全な人物ではない。でも彼は主の心にかなっていた。主の心にかなうことについて、聖書は9節にさらにことばを重ねています。「これはノアの歴史である。ノアは正しい人で、彼の世代の中にあって全き人であった。ノアは神とともに歩んだ」正しい人であり、全き人。でもこれだけでは私たちはまだわからない。いつも正しかったのか。いつも完全であったのか。それなら私には無理だと。けれども「ノアは神とともに歩んだ」と書いてあります。これは、励まされる言葉。神さまが、心にかなうとみなしてくださり、正しく全き人だとそのようにみなしてくださるのは、神とともに歩む人のこと。神さまが私たちに望んでおられることは、神さまとともに歩むこと。しかし、神さまとともに歩むことが本当に私たちにできるのか。けれども、愛するみなさん。小さな子どもと親がいっしょに歩くときに、子どもは「ぼくはお父さんといっしょに歩いた。お母さんといっしょに歩いた」って言うかもしれないけれども、実はお父さんやお母さんが子どもの歩みに合わせて、いっしょに歩いてくれています。子どもは自分が親と同じスピードで歩いていると思っているけれど、実は、そうじゃない。神とともに歩むのも、実は同じ。神さまから見たら、私たちの歩みがどれほど遅いか。どれほど間違った道に行ったり、まわり道をしたり、躓かなくていいところで躓いたりしているか。そういう私たちが神さまとともに歩むことができるとするならば、それは、神さまがともに歩んでくださっているから。神さまは私たちの本当に遅々たる歩みを忍耐をもって、それも喜んで忍耐しながらともに歩んでくださっている。だから神とともに歩む人生っていうのは、もっと正確に言うならば、神とともに歩むことを願う人生。私たちにできるのはそれを願って、一歩を踏み出すだけ。あとは神さまが、神とともに歩む人生としてくださいます。

さて先ほど、神さまはノアに賭けたと、申し上げました。思えば神さまはいつも賭けるお方。しかも不利な賭けに賭けるお方。エデンの園では、アダムとエバがご自分に従うほうに賭けました。ヨブの時にも、ヨブが、ご自分に従うほうに賭けた。そして今はノアに賭けておられます。ノアが神とともに歩み続けるほうに賭けた。ノアとその子孫がご自分に従うことに賭けた。どうして神さまはいつも賭けるのか。私たちに対しても、神さまは「ともに歩こう」と招いてくださるんだけど、私たちが神さまと共に歩むかどうかはいつも私たちの側に委ねられています。賭けです。なんで神さまともあろうお方がそんなに可能性の低い賭けをし続けなければならないのか。不思議です。でもそれは、神さまにとって大切なことは愛だから。私たちが神さまを愛する愛を選ぶことを願っておられます。だから、それに賭け続けます。つくづく神さまは不思議なお方。人を造らなければ、心が痛み続けることもなかった。それなのに、人を造って愛そうとします。愛されようとします。心に痛みを味わって、それでもなお人に期待し、人とともに生きようとします。私たちの神さまはそういう神さま。本気で私たちに愛を望んでおられます。本気なんです。そういう神さまなんです。

このノアの箱舟の箇所は、私は必ず一年に一度語ることになっている箇所。「一年12回で聖書を読む会」の二年生のテキストにノアの箱舟が出てくるから。でも、東日本大震災の後のころには、ここを語るのはとても難しかった。あの東北を襲った津波とこの洪水がかぶって見えます。ですから、参加なさるご近所の方がたにしてみれば、「神さまはあのノアのときに大洪水を起こされた。今度の大震災も神さまが起こしたんですか。そんなにひどい神さまなんですか」とそういう風になります。しかし、そういうときに、「いやそうじゃないんだ」って。8章の21節に「主は、その芳ばしい香りをかがれた。そして、心の中で主はこう言われた。『わたしは、決して再び人のゆえに、大地にのろいをもたらしはしない。人の心が思い図ることは、幼いときから悪であるからだ。わたしは、再び、わたしがしたように、生き物すべてを打ち滅ぼすことは決してしない』」とあります。「人の心がいかに罪に支配されているか、わかった。だから、決して再び地を呪わないとおっしゃった」。ですから、どんな自然災害であろうと、それは神さまが起こされたことではない。このことを私たちはこのところから語り合い、教え合うべきです。思いがけない自然災害や、愛する者たちの突然の死に直面するときに、どうして神さまがこんなことを、と私たちは思う。けれどもそれは、神さまが起こされたことではない。じゃあなぜ起こったのか。私たちはわからないことがたくさんあります。小さな限られた私たちには、わからないことが多くあります。でも私たちには一番肝心なことが示されています。教えられています。それは、神さまが私たちを愛してくださっているということ。私たちには想像もつかないような大きな愛で愛されているということ。だから、どんな出来事のなかにも、そこを神さまの愛が貫いているということを私たちは知っておくべきです。そして私たちが悲しんだり痛んだりするときには、私たち以上に神さまが悲しんでおられるということ。このことだけを知っておくならば、このいろんなことが私たちの目の前に開かれていくと思います。

さて、神さまはノアとその子孫に賭けた。彼らが神さまに従うことに賭けた。そして結局、神さまはこの賭けに勝ったんだろうか、負けたんだろうか。そのあとの人類の歴史を見るならば、数々の問題が起こっています。神に従わない者たちがほとんど。神に従った者のうちでも、従い抜いた者たち、ほんとに完全に従った者たちは一人もいない。そういう意味では、神さまは賭けに負けたんだろうか、とも思えます。でも本当はちがう。やがてこのノアの子孫から、主イエス・キリストがお生まれになった。そしてこの主イエスは、父なる神に従い抜かれた。十字架の死に至るまで従い抜かれ、そして復活の命を私たちにもたらしてくださいました。

先ほどのローマ書の7章では、私たちのうちに住む罪が私たちを愛する方から遠ざけ、罪を犯させているんだと申しました。けれどもイエス・キリストは私たちに素晴らしいことをしてくださいました。ローマ人への手紙8章1節。

「こういうわけで、今や、キリスト・イエスにある者が罪に定められることは決してありません。なぜなら、キリスト・イエスにあるいのちの御霊の律法が、罪と死の律法からあなたを解放したからです」(8・1―2)。

「律法」とあるのは、ここでは「力」と読んでもかまわない。イエスさまが与える新しいいのち、私たちがいただいたイエス・キリストの新しいいのちには力があって、その御霊の力が私たちを解き放つ。罪と死の力から私たちを解き放つ。イエスさまを信じる私たちは、罪の力じゃなくて、御霊の力によって生きています。8章13節。

「もし肉に従って生きるなら、あなたがたは死ぬことになります。しかし、もし御霊によってからだの行いを殺すなら、あなたがたは生きます。」(8・13)

あなたがたは生きる、御霊によって。あなたがたは生きる、愛に生きる。罪に死に、愛に生きる。そのように私たちは御霊によって日々造り変えられています。神さまの愛を深く知るのと同時に、私たちは自分たちの罪にさらに深く気づかされます。でも、深いところからまた癒されていく。そういう歩みがもう私たちのうちに始まっています。ノアに賭けた神さまは、イエス・キリストの十字架と復活においてその賭けに勝たれた。その勝利に私たちはもう与かり始めています。
創世記に戻って、ノアの箱舟の話の締めくくりは、空にかかる虹。9章13節。

「わたしは雲の中に、わたしの虹を立てる。それが、わたしと地との間の契約のしるしである。」（9・13）

「契約」という言葉が出てきます。この契約は、人間どうしの契約とは異なります。人間どうしの契約というのは、何かしてもらったら、自分がなにかをするっていう義務があります。たとえばなにかを売り買いする契約を結んだら、買った人はお金を払わなければならない。売った人は売ったそのものを引き渡さなければならない。でも、神さまの契約はちがう。神さまの契約は恵みの契約。ノアのところでもそう。「私はもう滅ぼさない」そう言っただけ。何かをしたら滅ぼさないと言ったわけじゃない。何かをしたから滅ぼさないと言ったわけじゃない。ただ神さまが一方的に私はあなたを恵むとおっしゃっているだけ。だから「契約」というよりも「誓い」。あなたが何をしたからではなく、あなたが何をするであろうからではなく、たとえあなたが何をしようがしまいが、ただ私はあなたを祝福します。そういう誓いを立ててくださったのです。15―16節。

「そのとき、わたしは、わたしとあなたがたとの間、すべての肉なる生き物との間の、わたしの契約を思い起こす。大水は、再び、すべての肉なるものを滅ぼす大洪水となることはない。虹が雲の中にあるとき、わたしはそれを見て、神と、すべての生き物、地上のすべての肉なるものとの間の永遠の契約を思い起こそう。」(9・15―16)

世界が終わるときまで、神さまは私たちを祝福し続けます。永遠の誓いをもって、永遠の契約をもって私はあなたを祝福するとおっしゃってくださっています。私たちは、自分の罪に打ちひしがれることもしばしばです。思うようにならない現実に悩むこともしばしばです。そういうときに私たちは、神さまの永遠の祝福の誓い、天地を造られた神さまが本気でわたしたちをどんなことがあっても祝福すると誓われた誓い、を思い出すべきです。虹が出ていようが出ていまいが、十字架を見たらそこに神さまの永遠の誓いが鮮やかに記されています、祝福が記されています。私は自分が、神さまが本気で差し出されているこの祝福を、どれ程本気で受け取ってきたかな、ってふと思うことがあります。自分の足りなさに目がいって、「私に対する祝福は、この程度のものかも知れない。私がこんなだから」そういうふうに思うことも多かった。あるいは、「そうはいってもこんな状況のなかでは神さま、祝福するといっても、まあせいぜいこの程度かな」って、神さまの祝福を小さくしてしまうことも多くあったなぁって思う。でも、神さまが本気で祝福を差し出してくださっています。だったら、自分の足りなさにもかかわらず、状況の絶望さ加減にもかかわらず、大胆にその祝福をいただいたらいい。大胆にその祝福を、「そうだ、その通りだ。私の上に神さまのほんとうに力いっぱいの祝福。神さまのこれ以上ない祝福が、今このときも注がれている」と信じてもう一歩歩みだす。その時にその祝福が現実のものとなっていく。そういう信仰者でいたいと思います。

バベルの塔

聖書　創世記11章1～9節

1 さて、全地は一つの話しことば、一つの共通のことばであった。2 人々が
東の方へ移動したとき、彼らはシンアルの地に平地を見つけて、そこに住ん
だ。3 彼らは互いに言った。「さあ、れんがを作って、よく焼こう。」彼らは
石の代わりにれんがを、漆喰の代わりに瀝青を用いた。4 彼らは言った。「さ
あ、われわれは自分たちのために、町と、頂が天に届く塔を建てて、名をあ
げよう。われわれが地の全面に散らされるといけないから。」5 そのとき**主**は、
人間が建てた町と塔を見るために降りて来られた。6 **主**は言われた。「見よ。
彼らは一つの民で、みな同じ話しことばを持っている。このようなことをし
始めたのなら、今や、彼らがしようと企てることで、不可能なことは何もな

い。7さあ、降りて行って、そこで彼らのことばを混乱させ、互いの話しことばが通じな
いようにしよう。」8**主**が彼らをそこから地の全面に散らされたので、彼らはその町を建て
るのをやめた。9それゆえ、その町の名はバベルと呼ばれた。そこで**主**が全地の話しこと
ばを混乱させ、そこから**主**が人々を地の全面に散らされたからである。

この年も今日（２０１８年5月20日）、ペンテコステ（聖霊降臨日）をむかえました。ペンテコステ礼拝にようこそ。こうして創世記の始めから順に、聖書の語るところを聴いていますが、今日は11章。先週は、ノアの箱舟の時代を見ました。アダムとエバから始まった罪が、下向きの渦巻きのように、下に行くほどどんどん勢いを増して、世界を呑み込んでいく。そして神さまは、「この世界を、もうこのままにしておくことはできない」と心を痛められた。その結果、神さまの前には三つの選択があった。

一つは、この悪の世界を滅ぼしてしまう。けれどもそうするなら、神さまがお造りになった愛し合う人と神との関係というのも、なくなってしまう。神さまは、それには耐えることができない。

第二の選択は、この世界をそのままにしておく。すると、人の悪はますます増し加わって、

互いに傷つけ合うようになっていく。そのことも、やっぱり見るにたえない。
そこで、神さまは三つ目の選択をなさった。それは、ノアとその子孫に賭けること。彼らとともに働いて、傷ついてしまった世界を修復します。損なわれてしまった世界を回復して癒していく。そういう、とても忍耐強く、また危険もともなう選択をなさった。

そのノアの子孫たちが世界中に広がっていく、そのありさまが10章。ノアの息子は、セム、ハム、ヤフェテという、三人の男の子。彼らから多くの人々が、世界中に広がっていく。その様子を描く同じことばがくり返されています。10章5節には、三男のヤフェテの子孫について、「これらから島々の国民が分かれ出た。それぞれの地に、言語ごとに、その氏族にしたがって、国民となった」。次男ハムの子孫については、20節。「以上が、その氏族、その言語、その地、国民ごとの、ハムの子孫である」。長男セムの子孫については、31節。「以上が、その氏族、その言語、その地、国民ごとの、セムの子孫である」。ですから、それぞれの特徴を持った人々が生まれた。氏族ごとにちがいがあります。使っている言語がちがい、住んでいる地方がちがい、そして国ごとに政治のあり方もちがっている。そういうふうにちがいがあるということは、神さまの祝福。創世記1章で神さまは、男と女を造って、「生めよ。増えよ。地に満ちよ」（1・28）とおっしゃった。その神さまの命令が10章で成就していく。さまざまに異なる人々が、生まれていく。考えてみれば、神さまがつくられたこの世界は、ちがいに満ちた豊かな世界。同じ物は何一つなくて、豊かな多様性に満ちています。私たちもそれぞれがちがっていて、姿形もちがうし、感じ方や考え方も、みんなちがっている。一人として同じ人がいないというのは、不思議なこと。だから私たちは、取り替えがきかない。おたがいに取り替えることができない。そういう大切なひとりひとりなのです。

現在世界の人口は77億人。けれども、今まで生まれて来た人の数を計算した人がいて、３０００億人をはるかに超えると言います。そのひとりひとりがみなちがう、３０００億通り。今から生まれてくる人もみんなちがう。ちがうから助け合うことができます。ちがうから愛し合うことができます。同じどうしだったら、同じことで困って、同じことができないわけですから、助け合うことができない。ちがうというのは神さまの祝福。

ところが、私たちは、自分とちがう人びとを恐れます。このところ、世界の主人公は神さまであって、私たちじゃないということを繰り返し語っています。自分が主人公だと思っている人は、自分とちがう人を見ると、自分の居場所や、自分の生存を脅かす人だと思ってしまう。ちがいを楽しむ余裕がない。「私とちがうから、何か私が知らないようなことを知ってるんじゃないか、アドバイスしてくれるんじゃないか」と思うことができない。自分を主人公とする人は、余裕がない。自分を守ることばかり考えて、それで思いわずらう。しかし、世界のほんとうの主人公は神さまだということを知っているなら、「神さまは何とさまざまな人をお造りになったんだろう」と、そのちがいを楽しむことができます。その中には自分の意見に反対する人がいます。あるいは、自分の欠点を指摘する人もいます。それは、自分を補い支えてくれる仲間なんだと、そういうふうに見ることができます。

ところが11章に入ると、世界が一つのことばであった、とあります。1節。「さて、全地は一つの話しことば、一つの共通のことばであった」。バベルの塔というのはどこにあったのか、わからない。ひょっとしたら文明が一番進んでいたメソポタミア、いまのイラクのあたりにあったのかもしれません。あのあたりに今から5000年~6000年近く前に、バビロンという国がありました。11章3節に、「彼らは互いに言った。『さあ、れんがを作って、よく焼こう。』彼らは石の代わりにれんがを、漆喰の代わりに瀝青を用いた」とあります。バビロンでは、実際にれんがを使って、巨大な建造物を建てていたといいます。そのようにいろいろな技術を用いていた。

そこへ問題が起こります。それは、アダム以来ずっと同じ問題、ずっと同じ罪にかかわること。世界の主人公は神さまじゃなくて、自分たちだと思い込む。自分たちが主人公になろうとします。その罪がここにも起こってきます。4節「彼らは言った。『さあ、われわれは自分たちのために、町と、頂が天に届く塔を建てて、名をあげよう。われわれが地の全面に散らされるといけないから』」。このバベルの支配者たちは、塔を建てようとする。天に届くような塔。実際は、天に届くような高い塔など建てることはできない。けれども大きなものを作るんだ。そうしたら、その塔を見る人びとが、「このすばらしい塔を建てたのは、誰か。このバベルの人びとだ。彼らこそがこの世界の主人公だ」、そういうふうに誉めそやしてくれるかもしれない。そう思って、そんな塔を建てようとしました。神さまのみこころは、人が増え世界中に広がっていくことです。ところが、彼らはそのみこころに従うまいとした。散らされることがないように、バベルにとどまって、バベルで永遠に自分たちの名をとどろかせる。だから、自分たちのために働く人びとも、バベルにとどまらせて、散っていかないように、支配する。支配者であり続けようとした。皮肉なことは、神さまがその塔を見るために、「降りて来られた」（11・5）と書いてあること。実際は神さまは、降りてこなくても見える。すべてをご存じ。これは皮肉。頂が天に届く、神の領域に届くような塔を建てようとした人びとが建てたものは、はるかに天には届かない。地上にちょっと、出っ張りをつくったようなものにすぎませんでした。

そして神さまはおっしゃいます。6節。「彼らは一つの民で、みな同じ話しことばを持っている。このようなことをし始めたのなら、今や、彼らがしようと企てることで、不可能なことは何もない」と。まちがえてはならないのは、神さまは、バベルの支配者たちを恐れているわけではないこと。彼らは、神さまに届くことができない。天に届くことができない。どうやったって届くことができない。神さまは彼らを恐れているのではありません。神さまが恐れているのは、彼らが神さまに背を向けて、神さまを忘れて、神さまから離れて滅びていくこと。神さまが支配者であることを否定する社会は、結局自分が主人公だと思っている人びと同士が、たがいに傷つけ合っていく世界。そのように、人びととの苦しみがさらに増すことを、神さまは心配して、これをとどめようとなさいました。

今でもいろんな大きな土木工事をすると、けっこう犠牲者が出ます。新名神でも何人か亡くなった方がおられますし、黒部ダムなどはものすごく犠牲者がでています。ましてや、古代に大きな建築物をつくるということは、どれほど大きな犠牲をともなうことであったか。人の命が失われるということだけではなく、莫大な費用が費やされ、人々の生活は苦しいものとなり、労働者や材料は強制的に集められる。そんなことがおこなわれていた。

神さまを押しのけて自分が主人公になるとき、どれほどの不幸なことが起こるか。最初は「自分たち」と言っていても、結局、主人公は一人しか生き残ることはできない。だから、主人公同士の間で、主人公争いが起こって、自分だけがほんとうの主人公なんだと考えるようになって、仲間を軽んじて、結局は利用したり、支配しようとしたりする。だから神さまは、それをとどめる。7節。「さあ、降りて行って、そこで彼らのことばを混乱させ、互いの話しことばが通じないようにしよう」とおっしゃった。もともと多様であった一つの共通のことばが、強力な支配者によって、統一させられた。人びとは自分たちの言葉ではなく支配者のことばを使うように強制された。そのとき、人びとは一つの身勝手な目的を強制され、ひとにぎりの人々のために奴隷のように重労働にあえぐことになりました。神さまはそれをとどめるために、ひとつであったことばを、多様なことばに、解き放った。人々がただの労働力とだけ見なされて、こき使われるのではなく、人びとが持っている多様性を解き放つ。人々が住む場所を選び、生き方を選ぶ自由を、ことばを解き放つことによって、神さまが与えてくださった。

バベルの地には、完成しない中途半端な塔が、きっとしばらくの間は、残っていたことでしょう。もともとは、人が世界の主人公であることを明らかにしようと思って作ったバベルの塔です。けれども完成しなかったバベルの塔は、世界の主人公は神であることを明らかにするモニュメントになりました。

これは昔話ではありません。現代でも、神さまから主人公を奪いとろうとするときに、大きな苦しみが起こります。共産主義国家や、ナチスドイツ、戦前の日本の帝国主義などを見れば、全体主義の国家が、いかに人間の尊厳をないがしろにするか。一人の皇帝のもとに、一人の天皇のもとに、一つの思想のもとに、みんなを一つにしようとする時に、一つになることを強制するときに、大きな苦しみが起こる。でも、共産主義国家じゃなくても、私たちの社会はいつもそういう危険にさらされている。その危険は私たち自身の中にある。私が主人公で、私が主人公として生きることのできる世界をつくろうと思ったら、そこに悲劇が起こります。

国だけではない。職場とか家庭とか、神さまを主人公にしなかったら、たがいの間に必ず問題が起こる、苦しみが起こります。たがいに愛し合うために造られた私たちが、たがいに傷つけ合うことになってしまう。「どうして私の言うことを聞いてくれないの」「あなたこそ私の言うことを聞くべきだ」、そう言って争い、いろんなハラスメントや、ＤＶのようなことが起こります。

私たちの家庭では、神さまが主人公だろうか。私の家はみんながクリスチャンなわけじゃないから、自分だけクリスチャンだから、そんなふうにいかない、と思うかもしれません。でもそういう場合でも、私たちは、神さまを主人公として家族に接しているだろうか。それとも、神さまが主人公でないその場の空気の中で、神さまが主人公ではない人びとと同じように生きているだろうか。この世界が、この国が、私たちの職場や、地域や、家族が、なによりも私たちが、神さまを主人公とする、そういう人びとであることができるように、祈りたいと思います。

さて今日はペンテコステ。この日にバベルの塔のところを読むというのは、計画したわけではないけれども、ふさわしいこと。と、言うのは、ペンテコステの日に起こった出来事は、まさにバベルの塔で起こった出来事の逆さまだからです。使徒の働きの2章1―11節。

[1]五旬節の日になって、皆が同じ場所に集まっていた。[2]すると天から突然、激しい風が
吹いて来たような響きが起こり、彼らが座っていた家全体に響き渡った。[3]また、炎のよう
な舌が分かれて現れ、一人ひとりの上にとどまった。[4]すると皆が聖霊に満たされ、御霊が
語らせるままに、他国のいろいろなことばで話し始めた。[5]さて、エルサレムには、敬虔な
ユダヤ人たちが、天下のあらゆる国々から来て住んでいたが、[6]この物音がしたため、大勢
の人々が集まって来た。彼らは、それぞれ自分の国のことばで弟子たちが話すのを聞いて、
呆気にとられてしまった。[7]彼らは驚き、不思議に思って言った。「見なさい。話している
この人たちはみな、ガリラヤの人ではないか。[8]それなのに、私たちそれぞれが生まれた国
のことばで話を聞くとは、いったいどうしたことか。[9]私たちは、パルティア人、メディア
人、エラム人、またメソポタミア、ユダヤ、カパドキア、ポントスとアジア、[10]フリュギア
とパンフィリア、エジプト、クレネに近いリビア地方などに住む者、また滞在中のローマ人
で、[11]ユダヤ人もいれば改宗者もいる。またクレタ人とアラビア人もいる。それなのに、あ
の人たちが、私たちのことばで神の大きなみわざを語るのを聞くとは。」

ここで起こっていることが、おわかりになりますか。人びとがその多様性を維持したままで、一つのことが語られているのです。ことばが一つになったわけではない。多くの、すべての国のことばで、一つのことが語られた。キリストの福音が語られた。この世界の主人公である神さまが、御子イエス・キリストを十字架につけ、復活させ、そしてそこを通して、私たちに新しいいのちを注いでくださったのだ、と。このあわれみ深い主人公の物語が、多様性を維持したままで、すべての人びとにわかることばで、語られたということ。

けれども、一つのことばで、一つの体制で、一つの強制がおこなわれるということではない。自由な御霊が、人びとを自由なままで、この福音によって結びつけていくのです。

もう一箇所、エペソ人への手紙2章の11—12節。

「ですから、思い出してください。あなたがたはかつて、肉においては異邦人でした。人の手で肉に施された、いわゆる『割礼』を持つ人々からは、無割礼の者と呼ばれ、そのころは、キリストから遠く離れ、イスラエルの民から除外され、約束の契約については他国人で、この世にあって望みもなく、神もない者たちでした。」（2・11—12）

あなた方というのは、ユダヤ人ではない、異邦人たちのこと。13―16節。

「しかし、かつては遠く離れていたあなたがたも、今ではキリスト・イエスにあって、キリストの血によって近い者となりました。実に、キリストこそ私たちの平和です。キリストは私たち二つのものを一つにし、ご自分の肉において、隔ての壁である敵意を打ち壊し、様々な規定から成る戒めの律法を廃棄されました。こうしてキリストは、この二つをご自分において新しい一人の人に造り上げて平和を実現し、二つのものを一つのからだとして、十字架によって神と和解させ、敵意を十字架によって滅ぼされました。」

（2・13―16）

ユダヤ人と、そしてユダヤ人と決して交わることができないと考えられていた異邦人が、一つになった。どうして一つになることができたのか。神がキリストの血によって、すべてのキリスト者を、一つにしてくださった。ただ和解したというだけじゃない。もう少し先のエペソの2章19節を読みます。

「こういうわけで、あなたがたは、もはや他国人でも寄留者でもなく、聖徒たちと同じ国の民であり、神の家族なのです。」（2・19）

21節にはさらに

「このキリストにあって、建物の全体が組み合わされて成長し、主にある聖なる宮となります。」（2・21）

異邦人も、ユダヤ人も、私たちも、すべての人たちは、同じ国民、神の家族、同じ一つの聖霊の宮、そうなったということが、こうして感謝をもってしるされています。一つの神の家族とされた私たち。一つの聖なる宮とされた私たち。なぜ、一つなのか。仲が良いからか、気が合うからか。そうじゃない。神さまがキリストの血によって一つとしてくださったから。聖霊は、神さまを主人公とする私たちを、一つにします。神さまを主人公とする人たちは、共に生きることができる。もちろん、すぐには分かり合うことができない、というのはしょっちゅう。ときにはもう、愛することなんてできないと思うことも。それもしょっちゅうあります。

でも、クリスチャンは共に生きることができます。誤解があったり、間違いがしばしば生じるけれども、しかし先ほども率直な心打たれるお証しをうかがうことができましたように、共に生きることに失敗する、たびたび失敗する私たちを、聖霊は何度でも何度でも、一つにすることができます。何度でも私たちを連れ戻して、もう一度共に生きることを学ばせてくださいます。そうしながら、忍耐強く私たちをつくり変えてくださる。だから私たちは共に生きることができます。私たちの内におられる聖霊を信頼して。たがいの内におられる聖霊を、信頼することができる。「あの人はどうしても理解できない」、と思えることもあります。「もうこういうことじゃ信頼できないな」、と思うこともあるでしょう。でも、たとえ目に見えるその人の、ことばや行動が信頼できなかったとしても、その人のうちに御霊がおられるならば、その御霊さまを信頼することができます。私たちが無理やり、自分の正しさを相手にぶつけて、相手を正しくしよう、つくり変えようとしても、人の心を変えることはできない。でもご聖霊さまが働かれるときに、私たちを変えてくださいます。だから、たがいのうちにおられる御霊を信頼します。そして、自分には理解できないと思えても、相手がごまかしを言っているような気がしたとしても、信頼して聴いたらいい。聴き続けます。聴き続けるうちに、自分も相手も、御霊によって変えられていくということが起こります。

ですから、私たちの一致は、聖霊による一致。最初から、一致できる人と一致するというのではない。むしろ変えられ続ける必要がある者たちが、変えられ続けていくことによって、そこに生まれる、いきいきとした、動きのあるダイナミックな一致。聖霊は私たちを、そのように回復してくださることができます。

バベルの塔では、一つのことばが、自分を主人公とする人びとを、災いに導きました。しかし、聖霊こそが私たちを一つにする神の力であることを、この朝も覚えます。そのような一致に成長していく私たちは、変えられていく、私たちが変えられていくならば、私たちの家族や、また地域や職場や、世界が変えられていく、そのことはもうすでに始まっています。私たちは気づいていないかもしれない。遅々たる歩みであるだろう。でも私たちは、みことばによって聖霊によって、成長させられています。感謝を持って見回してみたら、自分も自分のまわりも、変わりつつあるということを気づくことができるのです。

アブラハムの旅立ち

聖書　創世記12章1～8節
1 主はアブラムに言われた。「あなたは、あなたの土地、あ
なたの親族、あなたの父の家を離れて、わたしが示す地へ行
きなさい。2 そうすれば、わたしはあなたを大いなる国民とし、あなたを祝福し、あな
たの名を大いなるものとする。あなたは祝福となりなさい。3 わたしは、あなたを祝福
する者を祝福し、あなたを呪う者をのろう。地のすべての部族は、あなたによって祝福
される。」4 アブラムは、主が告げられたとおりに出て行った。ロトも彼と一緒であっ
た。ハランを出たとき、アブラムは七十五歳であった。
5 アブラムは、妻のサライと甥のロト、また自分たちが蓄えたすべての財産と、ハラ
ンで得た人たちを伴って、カナンの地に向かって出発した。こうして彼らはカナンの地

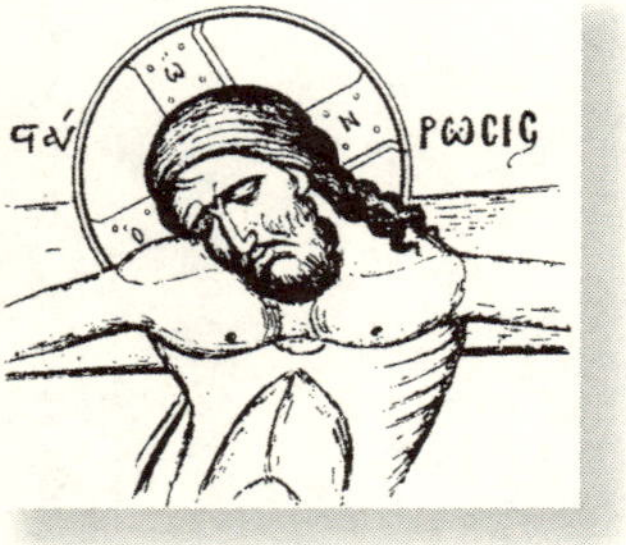

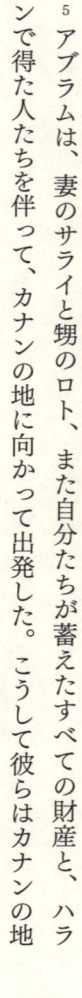

に入った。6 アブラムはその地を通って、シェケムの場所、モレの樫の木のところまで
行った。当時、その地にはカナン人がいた。7 **主**はアブラムに現れて言われた。「わた
しは、あなたの子孫にこの地を与える。」アブラムは、自分に現れてくださった**主**のた
めに、そこに祭壇を築いた。8 彼は、そこからベテルの東にある山の方に移動して、天
幕を張った。西にはベテル、東にはアイがあった。彼は、そこに**主**のための祭壇を築き、
主の御名を呼び求めた。

五月の第四主日の礼拝にようこそ。こうして創世記を順に読み進んで、今日は12章。この12章から新たな展開というか、神さまの贖いの大計画が力強く、大きく、動き始めます。アブラム、後のアブラハムですけれども、煩雑ですのでアブラハムと今日は呼びます。11章31節にこうあります。

「テラは、その息子アブラムと、ハランの子である孫のロトと、息子アブラムの妻である嫁のサライを伴い、カナンの地に行くために、一緒にカルデア人のウルを出発した。しかし、ハランまで来ると、彼らはそこに住んだ。」（11・31）

ですから、もともとアブラハムが、その家族とともに住んでいたのは、カルデア人のウル、という現在のイラクにある場所でした。そこからカナンの地に行くために出てきたのに、途中のハラン（カランと書く聖書もあります）というところでとどまってしまいました。私たちは、なぜそもそも、カルデア人のウルから出発したのか、ということを不思議に思いますけれども、そのあたりの事情が、使徒の働きの7章にあります。ステパノが最後の説教をしているところです。7章2節。

「兄弟ならびに父である皆さん、聞いてください。私たちの父アブラハムがハランに住む以前、まだメソポタミアにいたとき、栄光の神が彼に現れ、『あなたの土地、あなたの親族を離れて、わたしが示す地へ行きなさい』と言われました。」（7・2−3）

ですから、アブラハムがまだカルデア人のウルと言われる町にいたときに、「カナンに行け」という神さまからの召しがあった。神さまに呼び出されたのです。ところが彼らは、創世記によれば、カナンまで行かないで途中のハランという町に住みついてしまった。ですから、創世記の11章に「しかし」があります。カナンに向かって出かけた、「しかし、ハランまで来ると、彼らはそこに住んだ」（11・31）。「しかし」ということばが、いかにも、神さまがそのことを残念に思われたことを、示しているように聞こえます。本来の神さまの召しは、カナンに行くことだったのです。それが途中のハランでとどまってしまった。神さまは、「それじゃしょうがないね」と言ってあきらめたかというと、そうではなかった。だから神さまはおっしゃる。ハランまで来て、テラが死ぬ。そののち、神さまは、もう一度アブラハムにおっしゃった。「わたしが示す地へ行きなさい」（12・1）と。アブラハムは、もう一度、召されたのです。

この「召し」は、神さまが呼ばれる、とか、神さまのコーリング、とも言います。神さまのアブラハムへのコーリングは、繰り返されています。カルデア人のウルで語られ、同じことがまた、このハランでも語られる。なぜ神さまは、繰り返してアブラハムを呼び続けるのか。私たちに対しても同じ。私たちは繰り返し神さまの、コーリングを、呼びかけを感じることがあります。それは、神さまが私たちを祝福するためです。アブラハムはこのハランでの生活で十分だと思ったかもしれない。かなりの財産を持って出かけたわけですから、ハランでかなり祝福された、豊かな安定した生活を送っていたと思われます。だからもう、「これぐらいでいいですよ。祝福は十分です」と思っていた。でも、神さまはちがっていました。アブラハムをもっともっと祝福したいと思っていました。アブラハムが、神さまが与えようとしている、祝福のすべてを受け取ることを、強く望まれました。

去年の年末に『聖書 新改訳2017』という、新しい翻訳聖書が出版されました。いろんなところが変わりましたけれども、特に私が今回、目を止めたのは、この12章2節の最後のところです。「あなたは祝福となりなさい」と命令になっています。祝福というのは神さまがなさることなので、命令されるのはおかしいようです。しかしもともとの文章を見てみるならば、確かに命令形になっている。「あなたは、なんとしてでも、祝福とならなければならない。あなたは、私の与える祝福、そのものにならなければならない。」そういう、アブラハムを祝福しようとする神さまの強い意志が感じられるのです。

私たちを祝福することは、神さまの強い意志です。そして、神さまが与えようとしている祝福の途中でとどまることを、神さまはとても残念に思われます。私たちも、神さまのコーリング、呼びかけを感じる時に、その呼びかけに従っていきたいと思います。神さまがもっと祝福するとおっしゃるならば、そこへ進んでいきたいと思います。神さまは私たちが、祝福されてもされなくても、どちらでもいいとは思っておられません。そこそこでいい、とも思っておられない。最大限の祝福を必ず与えたいと、そのように願っておられるのです。

このコーリング、神さまの声を聞く、ということはいったいどういうことでしょうか。まだ神さまを知らない人が、必ずお訊ねになるところです。「神さまの声が聞こえるのですか。」「アブラハムには聞こえたのでしょうか。」「クリスチャンはみんな、神さまの声が聞こえているのですか」など。ある人は、神さまから呼ばれる、コーリングを受けるということは、心が促されることなんだ、とそういうふうに説明しています。神さまに心を促されることなのです。何かを決断することを求められたり、何か心が変えられていくことを求められたりすることだと言います。私もそうだと思います。その促しのあらわれ方はいろいろなのだけれども、やはり神さまが私たちの心に働きかける、そういうことがあります。

でもそこにたいせつなことがあります。それは、促しである以上、決して逆らうことができないというものではない、ということです。神さまに促されても、その促しを、抑え込んで抑え込んで、それでもまたやってくる促しを、また抑え込んで、そうやってどんどん自分の心を鈍くしていくということも、できるのです。だから、神さまというお方は、決して逆らうことができないわけではない。でもやっぱり、「これは、神さまからだ。神さまが促しておられるのだ」と、そういうふうに思うことがあります。そして私たちが、いつもそんなに簡単なことではないけれども、それでも「神さまがおっしゃるなら」と言って従うときに、喜びがあります。神さまの促しに、いつも敏感な私たちでありたいと思います。従う私たちでありたい、と思います。「このところ神様からの促しを感じていることがあります」、という方がおられたら、従われたらいいです。それは、神さまが、祝福を与えようとして、私たちを促しておられるからです。コーリングは、牧師や伝道者として献身するということばかりではありません。そうじゃなくって、自分の人生の、自分の生活の小さな部分であるかもしれない、何かを手放して何かをささげます。自分の生活の何かを変えるっていう、そういうコーリングもたくさんあります。だから愛する皆さん、それが何であれ、神さまの促しに従って踏み出していくならば、そこにほんとうの祝福があるってことを、知っておいてください。

先週は、福岡の横田法路《ぼうろ》先生から本が一冊届きました。この間出版されたばかりの本。今までも、何度か紹介している、九州キリスト災害センター、熊本の地震をきっかけに2年前にできたこのセンターに関係する牧師や働き手が書いたものが一冊にまとめられた本です。この2年間の熊本地震以来の働きが記されています。

この本の題名、『「キリストさん」と呼ばれて』ですが、熊本で支援にあたるクリスチャンたちが、いつのころからか、「キリストさん」と呼ばれるようになった。これは実は東北でも同じことが起こったということです。クリスチャンとしては、「キリストさん」と呼ばれたらどうですか。何かおもはゆいような、自分がキリストさんだなんて大それた、という気持ちもありますね。けれども同時に、こうして仕える私たちを通して、キリストが現れてくださったんだ、人々がキリストを感じてくださったんだな、ということを思うと、やっぱり大きな喜びがあると思います。ですからこの本の、『「キリストさん」と呼ばれて』という題名は、喜びとまた照れくさくもあり、という気持ちが入っていると思います。ところが、彼らは実際には、「キリスト」ということばを口に出しているわけではないのです。直接の伝道を、彼らはしていない。そうじゃなくて、ことば以上に行いを通して、キリストの名が伝えられた。こちらからキリストって言わなくとも、むこうが、「キリスト教の人たちが来た。」「キリストの人たちは自分たちに寄り添ってくれた。」そして、「他のボランティアの人びとがいなくなっても、キリストの弟子たちが、自分たちのところに残ってくれている。『キリストさん』だ」っていうふうに、言い始めました。
地震は決して神さまの計画されたことではありません。しかし神さまはそういう不幸なできごとの中でも、お働きになります。九州でも、多くのクリスチャンたちが、神さまの促しに応じて、働きました。そのときだれが、自分たちがやがて「キリストさん」と呼ばれるようになる、などと思ったか。だれもそんなことを思った人はいなかった。でも、神さまはそういう不思議なことをしてくださった。私たちが神さまの促しに出かけていくときに、待っている祝福の大きさというのは、わからない。行ったら何が起こるかというのは、わからない。なぜなら、神さまがしてくださる祝福は、大きすぎるので、私たちには想像もつかないから。一か所ヘブル書の11章の8節。

「信仰によって、アブラハムは相続財産として受け取るべき地に出て行くようにと召しを受けたときに、それに従い、どこに行くのかを知らずに出て行きました。」(11・8)

どこに行くのかを知らないで出て行った。自分が受ける祝福がどのようなものか。カナンに行くっていうのは分かっていたけれど、そのカナンで何が待っているのか、カナンでどういう祝福を受けるのか、わかっていなかった。だけど出て行った。神さまを信頼した。アブラハムが自分にとってこれが良いことだ、と考えることよりも、神さまがアブラハムにとって良いことだ、と考えることの方が、もっと良いことだから。「自分はこのハランにいた方がいいんじゃないか、と思う。でも神さまが、あなたは出て行ったらそこで大きな祝福が待っているとおっしゃる。神さまがおっしゃるのだからまちがいない」、と信頼した。その結果、自分の頭でやりくりしていたら、決してあずかることができなかった、想像することもできないような、大きな祝福にあずかることができた。神さまの促しは、確実なもの。そして想像することもできない、大きな祝福が待っているということを覚えていたいと思います。

このアブラハムは信仰の父と呼ばれることがあります。しかし、それをアブラハムは強い信仰を持っていた人というふうに考えると、問題がある。これは先週水曜日の「聖書の学びと祈り会」でも、話題になりました。私たちはついつい、「アブラハムは、すごい強い信仰の持ち主なんだ。私も見ならわなければ」、とそういうふうに言ってしまうことがあります。あるいは、教会の兄弟姉妹を見て、「あの人は強い信仰の持ち主で、私はぜんぜんだめだから、見ならわなければならない」などと。もちろん尊敬する人がいることは素晴らしいことです。私にも尊敬する信仰の先輩たちがいます。でもひとつ気を付けなければならないことがあるなあと。信仰というのは持ち物じゃないから、それを持ったら、それだけであとはやっていけるんだ、とそういうふうに思うと失敗するということです。

アブラハムは、カナンに入ったあと、大きな失敗をします。11―13節のところ、飢饉《ききん》があって彼は、食物があるエジプトへ避難してやって行きます。そのときです。

「彼がエジプトに近づいて、その地に入って行こうとしたとき、妻のサライに言った。「聞いてほしい。私には、あなたが見目麗しい女だということがよく分かっている。エジプト人があなたを見るようになると、『この女は彼の妻だ』と言って、私を殺し、あなたを生かしておくだろう。私の妹だと言ってほしい。そうすれば、あなたのゆえに事がうまく運び、あなたのおかげで私は生き延びられるだろう。」（12・11―13）

彼は生き延びたいと思った。生き延びるためには、偽りを言った。そして、サラをエジプト人に差し出した。そうでなければ、生き延びることができないと思った。だから強い信仰を持っていたはずの、そのアブラハムの強い信仰はどこへいってしまったんだろう。そういう見る影もない姿がここにあります。

信仰というのは、岩のように揺るがない、いつでも揺るがないようなものではありません。信仰はそのときそのとき、神さまが与えてくださいます。支えてくださいます。だから私たちは、信仰に立ち続けることができます。私たちの毎日には、信仰が必要とされる場面はしばしば訪れます。恐れや不安に、立ち向かわなければならないときがあります。不安なままで、確信がないままで、選び取らなければならない、そういう時がしょっちゅうあります。そういうときに私たちは、まず強い信仰の持ち主になろう、それからその強い信仰を用いて生きよう、そんなことを考えるとしたら、それはまちがっています。そういう二段階じゃないんです。そうじゃなくて、私には恐れがあって、とてもこの神さまの促しに従うことができない、と思うそのときに、まさにそのときに、神さまが、「わたしだ」と言って信仰を注いでくださって、選ばせてくださいます。歩き出させてくださいます。ドキドキしながら、ほんとうに大丈夫かなと思いながら、私たちは歩みだす。それが信仰です。

そうやって、神さまから信仰を与えられ、支えられる経験を、くり返して経験していく。繰り返して、信仰がどういうものであるか、神さまがどういうお方であるか、ということを、私たちはからだで覚えていく。神さまが信頼できるっていうことを、からだで覚えていく。それが信仰者の生活。そうやっているうちに、もしかしたらだれかが、「あなたは強い信仰の持ち主だ。あなたのような強い信仰を欲しい。どうしたらいいですか」と訊かれることがあるかもしれない。でもそのとき、私たちは、「いやこれは神さまが、そのつどそのつど、与えてくださっているんです。神さまが見捨てないで、そのつどそのつど、私に『だいじょうぶだ』と言ってくださるんです」、そういうふうに証《あか》しすることができたら、幸いなことではないでしょうか。

アブラハムはこのあと、もう一度同じ失敗をすることになります。でも神さまは見捨てない。失敗しても、支え続ける。神さまは、私たちを見捨てることをなさらない。信仰を持ってからも、「何度神さまを悲しませたかな。御心に従えなかったかな。」、と思いだすと、もう数え切れない。それでも神さまは、私たちを見捨てないで、信仰を与え続けてくださる。だから、自分の信仰を信頼するというのは、つまらない話。私たちは神さまを信頼する。自分の明日の信仰はわからない。けれども、「神さま、あなたが私を立たせてくださいます。」そう神さまを信頼して、毎日を支えられて生きていくことが、それが信仰者として生きる、ということです。

さて、神さまがアブラハムに与えようとしておられた祝福は、ほんとうに壮大なものでありました。12章の3節。

「わたしは、あなたを祝福する者を祝福し、あなたを呪う者をのろう。地のすべての部族は、あなたによって祝福される」(12・3)

アブラハムを通して、すべての部族、すべての民族が祝福されます。おそらくアブラハムには、これはなんのことかわからなかったと思います。自分というひとりの人間を通して、すべての民族が祝福されるというのは、どういうことだろうか。

マタイの福音書1章の系図の最初に何が書いてあるか。

「アブラハムの子、ダビデの子、イエス・キリストの系図。」(1・1)

そう書いてあります。でもほんとうは、イエスさまがアブラハムの子孫かというと、この系図はマリヤの夫ヨセフで終わります。イエス・キリストは、処女から聖霊によってお生まれになった方。ですから、そういう意味では、アブラハムの系図は、ヨセフで終わります。でも神さまは、この、人となられた御子を、キリストをアブラハムの子孫と見なしてくださった。アブラハムの信仰を、アブラハムが促しに従ったことをもって、アブラハムを通してすべての民族が祝福された、とみなしてくださった。

「それで、アブラハムからダビデまでが全部で十四代、ダビデからバビロン捕囚までが十四代、バビロン捕囚からキリストまでが十四代となる。」（1・17）

神さまは、こんなふうに、まるで、あとからアブラハムを付け加えるようにして、イエス・キリストの系図の中に加えてくださった。アブラハムを、全人類の救いの歴史に参加させてくださいました。

けれども、アブラハムがやったことっていうのは、そんなに大したことではなかった、ということも覚えておく必要があります。もちろん当時の、1000キロに及ぶ、家畜をつれた移動というのは、ほとんどあり得ないような決断だったとは思います。けれども、結局のところは、ひとつの家族がある場所からある場所へ移ったというだけ。その移動の前と後で、毎日やっていることは変わらない。家畜を飼い、礼拝を捧げ、同じことをやっています。しかし、ひとつの家族が、ものすごく小さなことだけれども、引っ越しした。それが、ものすごく大きな世界の救いをもたらした。そういうことがお出来になるのは、神さまというお方です。

木曜に、八幡福音教会の年長者の会という方々が、22名でいらっしゃった。それは、高槻のカトリック教会に、高山右近の跡を訪ね、そのあと明野キリスト教会を訪ねるものでした。初めての方も多く、またせっかく来られたので、明野キリスト教会の歴史を、かいつまんでご紹介しました。あらためて思いますと、昭和45（1970）年に、男山団地に住んでいた長谷川家で、毎週土曜日に教会学校が始まった。長谷川家の子供たちとその友だちを、集めて教会学校が始まった。やがてそこで礼拝が始まり、男山団地を購入、そして21年前に、ここにこの会堂が建った。

ひとりの教会員の自宅で始まった教会学校。そこからひとつ教会が生み出された。ひとつの家族が、神さまの促しに応答したことから、ひとつの教会が始まった。でも、そのひとつの家族だけで終わらなかった。他にも次つぎと召しに応じる人びとが起こされました。ある者は教会に集うようになり、祈りをささげ、時《とき》をささげ、財をささげ、そしてこの教会ができました。私たちも、みなこのところで礼拝を守り続けています。なお神さまの祝福が増し加わっている。こうして神さまをたたえ、福音を聞き、福音を生きている。ここで神の国が、今も前進しているのです。

ものすごく小さなところから、ものすごく大きなことを、神さまはなさいます。無理なことはおっしゃらないけれども、私たちに一歩踏み出す促しをなさる。私たちがすることは小さなことであっても、神さまは全能ですから、それを大きくお用いになることができます。すべての民族が、世界のすべての人が祝福される。このことを、神さまは願っておられる。罪によって傷つき、損なわれてしまったこの世界を、回復しようとなさっておられるのです。

この大きな神さまのご計画に、思いを馳《は》せていましたところに、5月19日のロイヤルウェディングがありました。このときのメッセージがよかったものですから、水曜日の「聖書の学びと祈り会」でも、木曜日の「年長者の会」でも、昨日の「一年12回で聖書を読む会」でもご紹介しました。心に迫るものがありました。ハリー王子とメーガン妃の結婚式で、初めてアメリカの聖公会、イギリス国教会は海外では聖公会と呼ばれていますけれども、聖公会の黒人の主教が、若い二人の指名によって説教者として呼ばれ、力強いメッセージを語った。ほんとうに身振りもすごくて、王室の中には衝撃をうけた人もいたようです。繰り返されたのは、「愛の力」です。愛には力があるということが語られた。その中で、直接は読まれなかったけれども、あの黒人主教が、頭に思い浮かべながら語っていると思われる聖句があると思いました。エレミヤ8章の22節です。

「乳香はギルアデにないのか。医者はそこにいないのか。なぜ、娘である私の民の傷は癒えなかったのか。」（8・22）

ギルアデというのは、イスラエルの地名。乳香というのは、イエスさまがお生まれになったときに、博士たちが黄金・没薬《もつやく》・乳香《にゅうこう》を持ってきた。あの乳香です。よい香りがする。香料でもあり薬にもなった。その産地であるギルアデには乳香があるはずなんです。ところがエレミヤは、当時のイスラエルのありさまを嘆いて、「乳香はギルアデにないのか」と言う。「どうして乳香がないんだ。医者がどうしていないんだ。民の娘たちの傷、つまり、イスラエルの傷はなぜ、癒されなかったのか」と叫ぶ。黒人主教は、ここで、ひとつの黒人霊歌を引用しました。それは「ギルアデの乳香」という歌。

その歌詞は、

♪ギルアデには傷ついた者を全き者にする乳香がある。

♪ギルアデには罪に病める魂を癒やす乳香がある。

エレミヤは、「ギルアデには乳香がないのか」、と言って嘆くわけですけれども、黒人たちは、「いやギルアデには乳香がある」と歌う。彼らが言っているギルアデの乳香とは、主イエス・キリストの愛。私たちを癒す十字架の愛のことを、「ギルアデには乳香がある。イエスさまの十字架の愛がある」、そういうふうに歌うわけです。

この黒人奴隷たちの中の信仰者たちは、苦難の中で、主イエスによって傷を癒やされていき、また自分たちを苦しめる者のためにも祈りました。黒人主教の説教の中には、マルティン・ルーサー・キング・ジュニアという、1960年代に、黒人人種差別撤廃のために、非暴力の運動をした牧師の名前が何度かでてきました。黒人たちは、「力をもっては、差別を撤廃することはできない。そうではなくて、キリストの愛の力が世界を変える」と信じた。そして、祈り、歌った。それを受け継いだ後の人びとが、非暴力の運動によって、差別の撤廃を実現していった。そのようにイエス・キリストには愛の力がある、ということを、力強く語られたメッセージが、世界に向かって発信された。素晴らしかったと思います。

主教は、最後のところで、「家族が変わる。イエス様の愛の力によって、自分を与える愛の力によって、あなたの家族が変わる。地域のコミュニティーが変わる。そして世界が変わる。」そう語っていました。

私たちは、神さまの大きな祝福の中に生きています。その大きな祝福とは、この傷ついた世界に回復をもたらすという、そういう祝福。毎日私たちはいろんなことで苦闘していると思います。病と戦う人、家族の問題の中でたたかう人、そしてみんなが、家族や友人の救いのために祈りたたかっていると思います。神さまは、私たちひとりひとりに目を留めてくださって、日々助けを与えてくださっています。祈りに応えてくださっています。だからこそ、私たちが知っておくべきことがひとつあります。それは、私たちが毎日苦闘していることは、私たちのためだけの戦いではない。そうじゃなくて、もっと大きな神さまの、世界の回復というご計画に結びついているということ。私たちは自分のことで精一杯です。自分と自分の家族のことで精一杯です。でも私たちが、そのことを信仰もって、祈りのうちに、癒されながら、おこなっているならば、それは大きな神さまの世界の回復の計画と結びついているということですよね。

今、日大の事件がとても問題になっています。みんな口をそろえて、「あの監督は問題だな」と言う。「大学の体質も問題だな」と。おそらくそうなんだろうと思います。監督は社会的な立場というのを失っていくでしょう。正しいか、正しくないか、ということであれば、彼は正しくない。誰もが言う通りだと思うんです。でも、私たちキリスト者は、こういった出来事を見るときに、どういうふうに考えるべきだろう、と思いをめぐらすのです。あの方は、「とにかく何がなんでも勝たなければならないんだ。何をしても勝たなければならないんだ」ということを、自分に科し、チームに科した。他のチームの選手に何が起こったって、それは勝たなければならないことを優先させなければならないと思った。なぜなんだろうか。

本来、学生スポーツの目的は、勝ち負けではないはずです。スポーツを通して成長していく。学生たちが成長していく。でもその「本来」が、どうでもよくなってしまった。監督は、勝って自分の評価や立場が強化されていくことを望んだのかもしれない。あるいは、勝たなかったときに失うものを、恐れたのかもしれない。でも、それは、この人だけじゃないだろう、と思う。彼を生み出したのもこの社会だと思う。社会が歪んでいます。そして、私たちもまた、同じ歪みを抱えていて、いくつかの条件が重なって、どうしようもないところまで追い詰められたら、似たようなことに傾いてしまうかもしれない。問題は、このひとりの人と、ひとつの大学だけにあるのではない。それを知る必要があると思うんです。

イエスさまは、あの監督のことをどういうふうに見ておられるだろうか、と考えます。イエスさまが望んでおられることは、やっぱり、あの人の癒し、歪んでしまったところ、こうでなければいけないと思いこんでしまったところ、そういうところが、癒されていくように。神の愛を知り、今のままの自分が受け入れられていることを、知ることができるように。そして、今まで傷つけたり、苦しめたりしてきた人びとと、心から和解して、赦されて、ともに生きて、そして可能ならば、これまでのあり方が正されて行くような、そのために協力することができるような、そういう回復をイエスさまは望んでおられると思います。

傷ついてしまった私たちを癒すために、イエスさまは十字架に架かってくださいました。損なわれてしまったこの世界を回復するために、復活してくださった。ただ裁くためではない。ただ裁いて、正しいものは正しい、正しくないものは正しくない、それで終わりじゃない。もちろんそこに、裁きがあるんだけれども、そこでほんとうに起こるべきは回復。もし許されるならば、この監督とともに、すべての罪人とともに、神さまの御前にともにひざまずきたい。そして、私たちに共通している弱さや歪みを告白し、ともに神さまの赦しを得ることができたなら、と思います。そこからほんとうの癒しが始まっていく。もちろん、私たちみんなが、あの人に近づくことができるわけではない。でも私たちのまわりには、いや、私たち自身も含めて、すべての人が、弱さや、歪みを抱えています。これが癒されることなんかないんじゃないかと、もうこうやって生きていくしかないんじゃないかと、思っている人たちが、私たちのまわりにほんとうにたくさんいると思います。私たち自身も、なお癒されていく点があると思うんです。

その回復を互いに助け合い励まし合う、十字架の回復の力を、愛の力を指し示しあう。そのためにこそ私たちが、この世界に回復をもたらす存在として遣わされているということを、覚えておきたいと思います。この世界に対して、身近な人に対して、「神さまは、この世界に回復を望んでおられる。あなたが造られたように、回復することを望んでおられ、そして、イエスさまには、そうする力がある」ということを伝えるために、伝えて生きて回復をもたらすために、遣わされています。それは、再臨のときまでは完成はしない。でも、小さなところで少しずつ着実に進んで行く。その回復を見るときに、私たちの中に起こってくる喜びは、規模は小さいかもしれないけれども、再臨のときに世界を覆う喜びと、同じ喜びだということを覚えたい。ものすごく小さなところから、ものすごく大きなことも、神さまがしてくださることを、この朝も思いたいものです。

アブラハムの選択

聖書　創世記13章1～8節

[1] そこで、アブラムはエジプトを出て、ネゲブに上った。妻と、所有するすべてのものと、
ロトも一緒であった。[2] アブラムは家畜と銀と金を非常に豊かに持っていた。[3] 彼はネゲ
ブからベテルまで旅を続けて、ベテルとアイの間にある、最初に天幕を張った場所まで来
た。[4] そこは、彼が以前に築いた祭壇の場所であった。アブラムはそこで**主**の御名を呼び
求めた。[5] アブラムと一緒に来たロトも、羊の群れや牛の群れ、天幕を所有していた。[6]
その地は、彼らが一緒に住むのに十分ではなかった。所有するものが多すぎて、一緒に住
めなかったのである。[7] そのため、争いが、アブラムの家畜の牧者たちと、ロトの家畜の
牧者たちの間に起こった。そのころ、その地にはカナン人とペリジ人が住んでいた。[8] ア
ブラムはロトに言った。「私とあなたの間、また私の牧者たちとあなたの牧者たちの間に、

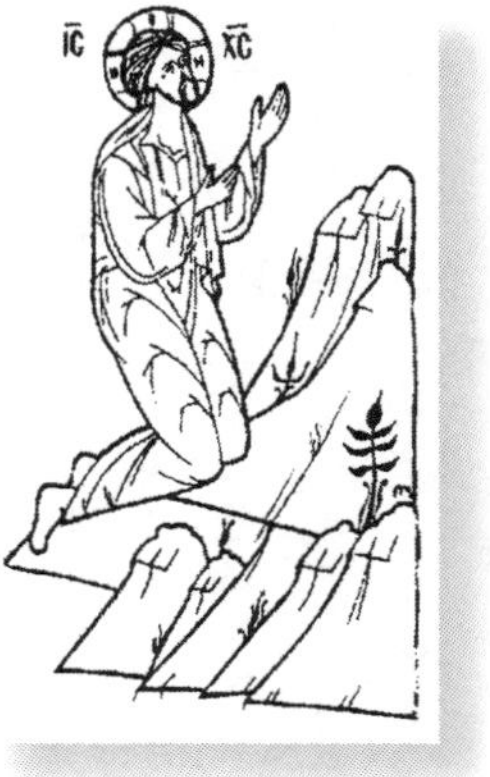

争いがないようにしよう。私たちは親類同士なのだから。

六月（2019年）、第一主日の礼拝にようこそいらっしゃいました。先週の日曜日の夕方、京都聖徒教会の船田武雄先生が召されました。89歳。京都教区では、月曜日と火曜日が牧師会です。牧師会が終わった後、京都聖徒教会の前夜式に出席しました。武雄先生は、20歳のときにキリストを信じ、そしてその後献身、香登教会や知多教会そして京都聖徒教会でずっと牧師をして来られました。教団委員長や関西聖書神学校の校長もつとめられた先生なので、以前から、もしもの時には教団でという話もあったのですが、京都聖徒教会が、自分たちで簡素に、飾らないでという意向で、教会中心でなさった。これもとても武雄先生らしいと思います。

集まった人々で目立ったのは、視覚障がいの方がた。京都聖徒教会のある北大路通りの近くには盲学校があります。そこからも多くの人びとが救われてきました。前の列は全部視覚障がいの方がたが並んでおられました。彼らはコーラスのグループをつくっていて、毎年ゴールデンウィークに、東北の被災地に出掛けて行ってコーラスをしたり、マッサージをなさいます。その他、統一協会から救出された人びとが、各地からたくさん集っておられた。

この統一協会との戦いはほんとうに激しいもので、武雄先生は常時いくつも裁判の被告になっていました。マインド・コントロールされていた人たちを救い出すために、家族といっしょに、彼らを守ったのですが、それを監禁だ、と訴えられます。しかし、そうして多くの人々がそこから救い出されました。

前夜式も京都聖徒教会らしいというか、型破りなものになりました。その場でいろいろな人びとに、マイクが回り、たくさんの思い出が語られました。そこに次男の肖二《しょうじ》先生がギターを持って出てきて、今日ここに来る途中で、父のために神さまに感謝する歌を作りましたと言って、歌い出しました。神さまを讃えるよいときでした。実は、思い出を語る一番最初に私が指名されました。

私と武雄先生との接点は神学校の授業で教えていただいたということと、京都教区に来てからの交わりです。とっても厳しい先生でした。正しくないことに対しては、それは違う、と言って、どこまでも言われた先生でしたが、その反面、ほんとうに優しい。とろけるように優しい。武雄牧師の中には、ものすごい厳しさと、ものすごい優しさが、同居していた、とお話ししました。

正義の怒りにおいても、愛する優しさにおいても、あのものすごいエネルギーって、どこから出てきたんだろうなと思います。しかし何人かの方がたが、まるで打ち合わせしたかのように、共通しておっしゃった言葉があって、それは武雄先生がよく用いておられた「私たちは、破れを縫い合わせてつくろう献身者の群れなんだ。破れをつくろう者たちなんだ」ということ。献身者の群れ。武雄先生が「献身者」と言うときには、「神学生や牧師だけが献身者じゃないよ、クリスチャンはみんな献身しているんだ、献身者なんだ」とよくおっしゃっていました。じゃあ献身者である私たち、神さまに自分をささげた私たちは、何のために生きているのか。救われて、天に召されるまでの地上の生涯を、何をして生きるのか。それは、「破れをつくろう」こと。

世界にはたくさんの破れがあります。神さまが造られたこの世界は非常によい世界でしたが、罪が入り込んだことによって、たくさんの破れができてしまった。世界が破れてしまっています。社会の中にも家庭の中にも私たち自身の中にも、多くの破れがあるということを私たちは知っています。神さまだけがあがめられるべきなのに、人間の教祖があがめられ異端がはびこっています。神さまだけがあがめられるべきなのに、いろんな現代の偶像、富や功績を誇ったり、地位を守ろうとしたり、いろんなことが、偶像になっていく。大きな破れが起こっています。
ですから、そんな破れを私たちはつくろう。教会の仲間と一緒につくろう。武雄先生はそのために命がけで生きた先生でした。私たちのまわりにも、破れは無数にあると思います。家庭に、地域に、学校に、職場に。クリスチャンたちはみな、そんな破れをつくろうために召された献身者であるということを、武雄先生が召されたことで、もう一度思い出すことができました。

アブラハムも、世界の破れをつくろうために召された人でした。12章3節。「地のすべての部族は、あなたによって祝福される」とあります。神さまはアブラハムに「地上のすべての民族、世界をつくろうために、あなたは召された」とおっしゃった。アブラハムは、神さまがどういうふうに、自分をとおして地上のすべての民族を祝福してくださるかということは、わかっていなかったでしょう。やがて明らかになったのは、アブラハムの子孫から、ヨセフが生まれ、そのヨセフがマリアの夫となり、そしてマリアからイエスさまが生まれるということ。血筋がつながっているというわけではないけれど、間接的な意味で、アブラハムの子孫にイエスさまが数えられました。そのことを、神さまは「世界のすべての民族は、アブラハムによって祝福される」とおっしゃった。そういう遠大な計画を知っているわけではなかったが、アブラハムは、ひとつひとつの目の前に示されることを目指して進んで行きます。私たちにも、この世界の破れをつくろうというつとめがあります。それが、私たちが何をしたらどうなるのか、全部わかっているわけではない。けれども、一つずつ目の前のなすべきことを、私たちはていねいにしていくのです。

主イエスさまも、最後の晩餐の席で「わたしがしていることは、今は分からなくても、後で分かるようになります」（ヨハネ13・7）と言われました。よく年配の先生方が、「のち知るべし」と祈りの中で用いたり、あるいは説教の中で言われたりします。今はわからないけれども、あとでわかります。だから、いま示されていることをやっていく。

私たちも毎日のように、愛する者の早すぎる死のことを思いめぐらします。そして、「どうしてですか、このことを通してあなたは何をしようとされているのですか。なんでこうなんですか」と申し上げます。答えはわからないけれども、しかし、神さまがこういうことをされたわけではないけれども、少なくとも許されたのには理由があるにちがいない。あとになってみなければわからないけれども、何か理由があるに違いない。そして、まだ私たちがこの地上に置かれているのには、何かやっぱり神さまの破れをつくろう、そういうつとめ・・・があるにちがいないと思います。だから、毎日生きていく。神さまに「どうしてですか?」とさけびながら、しかし置かれた場所で神さまにお仕えしていくのです。

このアブラハムは、先週見た12章でとんでもない失敗をしました。妻のサラを自分の妹だと偽ったのです。サラは美しい女性でしたから、エジプトのパロがアブラハムを殺してサラを自分のものにしてしまうんじゃないかと思った。だから殺されないために、「これは私の妹なんです。ご自由にどうぞ」と危機にさらした。でも、ここで危機にさらしたのは、サラだけではない。神さまが、「あなたとサラの間から生まれる子孫から、この世界を祝福する、この世界の破れをつくろう」、という神さまの救いの計画の全体を、危険にさらしたのでした。

そのときの、アブラハムの心の動きについては記されていません。が、彼はこの後、エジプトから出て旅を続け、最初にカナンに入ってきたときに、祭壇を築いた場所に戻ってきます。13章3節と4節。「彼はネゲブからベテルまで旅を続けて、ベテルとアイの間にある、最初に天幕を張った場所まで来た。そこは、彼が以前に築いた祭壇の場所であった。アブラムはそこで**主**の御名を呼び求めた。」単に祈った、というよりは、呼び求めた。まるで、自分が神さまを見失ってしまったかのように呼び求めた。「神さま、あなたはどこにおられるのですか。あなたはおられるんだけれども、私にはあなたがよくわからなくなりました。私は自分が何をしているのかわからなくなりました。どうか私を回復してください。私を赦して、取り戻してください。」そういうふうに呼んだのでしょう。

アブラハムは、世界の破れをつくろうために召されました。けれども、自分の中に破れが起こってしまった。自分の中に破れがあることを発見した。恐怖に支配されて、神のみこころを行うことができなかった。人を恐れて、神さまがほんとうに自分を祝福し、自分を支えてくださることがわからなくなった。私たちにもそういうことがあります。そういうときに、どうするか。アブラハムは神さまを呼び求めた。私たちはこういう時にどうするだろうか。私の中に破れがある。私の中に罪があるという時に、すぐに神さまを呼び求めるだろうか。それとも、何か他のことで気を紛らわして、生きていこうとするだろうか。私たちはしばしば、「自分のようなものはだめだ、ああ、またこうだった、また、だめだった」と思い、どれほど自分がだめかということをくよくよ考えて、時を過ごすということがあります。

しかし、自分がだめだと思うときに、すぐにするべきことがあります。それは神さまを呼び求めること。もう出口がない、困ったぞと思うとき、すぐにするべきことは、神さまに呼び求めること。自分の中に破れを感じる時に、神さまを呼び求める、そしたら神さまがつくろってくれます。破れをつくろってくださいます。これはいくらこのようにお話しし、聞いたところで、実際にやってみなかったらわからない。神さまとの交わりはやってみなかったらわからない。だから、もうだめだなって思ったときに、すぐに時をおかず、呼び求めます。その時に必ず、何かが違ってきます。何が違うかというのは、それぞれにさまざま。けれども必ず何かが違ってきます。イエスさまが私たちの、破れをつくろってくださいます。

武雄先生の前夜式で、司式をした長男の献一先生が言っていました。「よく、武雄は大きな働きをした、と言う人がいます。でも、父は欠けの多い、神の前に罪あるひとりの人にすぎなかった。もしその人が、用いられたとするならば、それは神さまのあわれみ以外の何ものでもありません」と。破れをつくろう献身者であった武雄先生も、また、神さまに自分の破れをつくろわれながら、つくろっていった。私たちは、破れをつくろっていただきながら、自分のまわりの破れをつくろっていきます。

私たちをつくろってくださるのはイエスさま。神との関係が破れ、他の人との関係に破れが生じるときに、イエスさまがつくろってくださる。主イエスは、二通りのつくろい方をなさいます。

第一に、主イエスは破れてしまった私たちと神さまとの関係をつくろってくださいます。主イエスはこの世界に人となって来てくださった。十字架にかかっていのちを捨ててくださった。十字架の上の、イエスさまの言葉の一つに「父よ、彼らをお赦しください。彼らは、自分が何をしているのかが分かっていないのです」があります。主イエスは、とりなしてくださった。「父よ、彼らを赦してください、彼らを回復してください、彼らはあなたとの関係を破ってしまったけれども、破れを生じさせてしまったけれど、どうかこの私が、今この身を捧げる。そのことによって、彼らとの関係をどうか回復してください」、と言ってとりなしてくださった。

ですから、私たちが罪ある時に、イエスさまのところに行くならば、十字架のとりなしによって、その場で瞬時に、神さまとの破れた関係を、つくろっていただくことができる。これはすぐに、その場で、おこなわれること。

けれども、それだけではない。もう一つあります。私たちの内側にある破れ、私たちの内側にずっとある破れを、イエスさまはつくろってくださって、ご自分に似た者に変えてくださる。神さまとの関係の回復というのは、赦していただいて一瞬で起こります。でも私たちの内側の破れをつくろうには、時間がかかります。だんだん少しずつ、神さまとの交わりの中で、つくろわれていく。ずっと一生涯つくろわれ続けます。

ある教会を、ひとりの婦人が訪ねてきた、という。たいへん深刻な悩みを抱えているご婦人。礼拝に忠実に出席し、洗礼を受けた。その後もきちんと献金をささげ、教会の奉仕も熱心にされていた。ところがこの婦人が、ある日突然、牧師のところにやってきて、「もう信仰はやめます」と言ったという。

牧師は驚きます。牧師にとって悪夢のような状況です。自分がメッセージを語り、また個人的な導きもして、この人は信仰告白したと思って、洗礼を授けた。けれども、もうやめる、という。理由を訊ねると、「自分は一所懸命、礼拝に、奉仕に、献金をささげ、やってきた。だけど私の問題は何も解決していない」と言った。この人が最初から持っていた深刻な問題、それが何かわからないですけれども、解決していない、「だからもうやめる」そう言った。

私は、この話を読んで、とても考えさせられました。これは実際にあった話ですけれども、もし私がその牧師だったら、「もう信仰はやめます」という目の前の人になんと答えるだろうか。思ったのは、もし私だったらその方に、「いや、あなたは投げ出さないで、祈る必要があります。」そういうふうに言ったんじゃないかなと思います。この深刻な悩みが何であったのか、病いであったのか、家族の関係の問題であったのか、あるいは他の人間関係の中の問題であったのか、わからない。この人は、その問題が自分の望むようなやり方で、直ちに解決することを願っていた。でも、そうならなかった時に、投げ出して、もうやめますと言った。「神さまはこうしてくれないんだったら、もう効き目がない、神さまなんかいないと、いても自分に関心を持っていない」と、そういうふうに思ってしまった。けれども、そういう時に、「でも神さまに何か違う思いがおありなのではないか」と思って、神さまを信頼しようとする、祈り続ける。そうするうちに、状況が変わらなくても、問題そのものが変わらなくても、私たちの中に変化が起こるということが起こります。

私たちは十字架のイエス・キリストを知っています。御子を十字架にかけてくださった、父なる神の愛を知っています。その神さまが、私たちに最も良いことをなさらないはずがないのです。だからもし、私たちの願いが聞かれるまでに時間がかかるなら、それは私たちにとってその必要があるにちがいない。また、私たちが祈ったことが、祈ったその通りではなくて、ちがう結果をもたらしたとするならば、それにもまた、理由があるにちがいない。そう思うことができる。神さまを信頼する。御自分の御子を与えてくださった神さまを信頼する。自分の考えよりも、神さまを信頼します。

そういう信頼もまた交わりの中で神さまが与えてくださいます。私たちの神への信頼が成長させられていく。この女性は、神さまを自分が動かそうとしている。自分の思うように神さまを動かそうとしていた。でもそういう人びとが、イエスさまのように変えられていく。ゲツセマネの園で、十字架の前にイエスさまは、「わが父よ、できることなら、この杯をわたしから過ぎ去らせてください。しかし、わたしが望むようにではなく、あなたが望まれるままに、なさってください。」（マタイ26・39）と祈られた。「あなたが望まれるままに、なさってください。」、と。

神さまに祈り、交わりを続けるときに、私たちは神さまのみこころを願うようにと変えられて行く。「自分の願いに神さまを従わせようとする」、これもまた私たちの中にある破れですけれども、その破れが神さまによって、つくろわれていく。そのとき、ほんとうに自分の願うことが明らかになってきます。

主イエスは確かに、十字架の前に恐れて、「この杯をわたしから過ぎ去らせてください」と祈った。でも、それがほんとうにイエスさまの一番深いところにある願いであったかというと、そうではなかった。イエスさまのその一時の恐れがあったけれども、ほんとうにイエスさまのこころの中にある願いは、父のみこころをなすこと。民の破れをつくろい、世界を回復させることが、イエスさまのほんとうの願いであった。父との交わりの中で、私たちのほんとうの願いが明らかになるのです。

神さまは、私たちと忍耐強く交わってくださって、私たちのほんとうの願いを明らかにしてくださいます。そして、私たちを世界の破れをつくろう者として成長させてくださる、そういうお方です。

こうして、大きな失敗のあと、神さまをただちに呼び求めたアブラハムです。そして次の選択がやってきます。アブラハムとロトはお互いたいへん豊かになって、多くの家畜を持つようになりました。家畜のために与える水や草が不足していく。7節には、「そのころ、その地にはカナン人とペリジ人が住んでいた」とありますから、まだ先住民が多くいる。その中にアブラハムとロトが入って、せまい土地で、どうみたってみんなの家畜はやしなっていくことはできない。そこで、アブラハムは、ロトに、ここから出よう、ここから出て新しいところに行こう。そして、私とあなたも一緒にいることができないから、別々に暮らそう、右と左に別れようと提案いたしました。（地図を参照ください。）

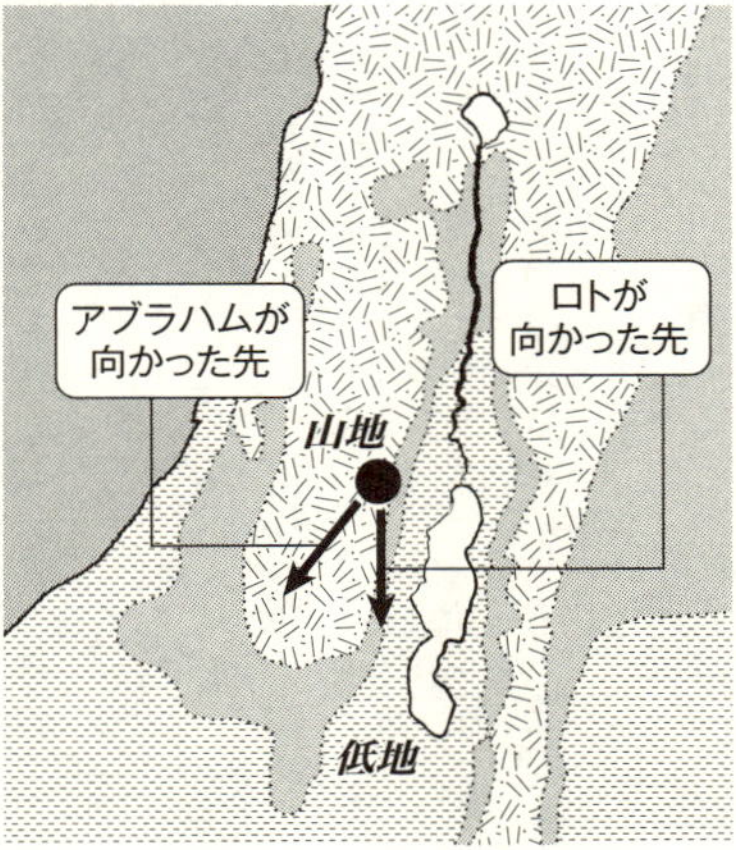

右とか左とかと言っているのですが、このときアブラハムとロトがいたのは、ベテルとアイの間、黒い●のあたり。矢印にそって左に行くと、ここが死海ですので、低地がここにあって、水があって草も生えている、という土地。矢印にそって右に行くと山地。岩だらけで、水もない。岩場に生えている草は、よく探さないと見つからないくらい、こっちにちょろちょろ、こっちにちょろちょろ、そういう草を探し探し家畜を養っていかなくてはならない。

アブラハムは、選択をします。どういう選択をしたか。左か右を選択したんじゃない。ロトに、「あなたが選べ」と言った。アブラハムが選んだのは、選択しないことを選択したということ。「あなたが選んだらいい」、どうしてそういうことを言うことができたか。神さまは、アブラハムとロトのどちらかしか祝福できないようなお方ではないと知っていたから。こっちでなければ、低地でなければ祝福できないというお方ではない、と知っていた。どっちであっても、神さまは私を祝福することができるお方だと信頼していた。だから、アブラハムは、「まずあなたが選んだらいい」、とロトに選ばせた。神さまが信頼に足るお方だ、ということを知っていたから。

神さまを信頼するときに人は自由になる。アブラハムには大きな自由があった。「ここじゃなきゃだめだ、私の方が年長なんだから、私が先に選ぶ権利がある、ここは私のものなんだから、お前はあっちに行け」、と言ってしがみつく必要がなかった。右に行っても神の祝福を喜んでいる。左に行っても神さまの祝福を喜んでいる。なにがなんでも握りしめるというところから自由。自分の願いも、自分の財も、自分自身の人生も、軽く握っていて、神さまがお求めになるように、神さまのみこころ通りに、必要があればいつでも手放すことができる。手放すならば、そこにもっと大きな祝福を、神さまが返してくださる、とそのことも知っています。

　こうしてアブラハムは、神さまとともに、もう一歩踏み出しました。成長していく。このあとも、さらなる成長が、つぎつぎと待っています。その一歩をアブラハムは踏み出すことができた。神さまは私たちをほんとうに愛しておられます。私たちを用いて、世界の破れを、神さまお一人ではなく、あなたとともにつくろいたい、そのように望んでおられます。どうか、そのように神さまとともに、破れをつくろう献身者とされたことを、私たちも喜ぶことができたら、どんなに幸いかと思います。

アブラハムの分け前

聖書　創世記14章8～24節

8 そこで、ソドムの王、ゴモラの王、アデマの王、ツェボイムの王、ベラすなわちツォア
ルの王は出て来て、シディムの谷で戦う備えをし、9 エラムの王ケドルラオメル、ゴイム
の王ティデアル、シンアルの王アムラフェル、エラサルの王アルヨクと対峙した。この四
人の王と、先の五人の王とであった。10 シディムの谷には瀝青の穴が多くあり、ソドムの
王とゴモラの王は逃げたとき、その穴に落ちた。そして、残りの王たちは山の方に逃げた。
11 四人の王たちは、ソドムとゴモラのすべての財産とすべての食糧を奪って行った。12 ま
た彼らは、アブラムの甥のロトとその財産も奪って行った。ロトはソドムに住んでいた。
13 一人の逃亡者が、ヘブル人アブラムのところに来て、そのことを告げた。アブラムは、
アモリ人マムレの樫の木のところに住んでいた。マムレはエシュコルとアネルの兄弟で、彼

らはアブラムと盟約を結んでいた。[14]アブラムは、自分の親類の者が捕虜になったことを
聞き、彼の家で生まれて訓練された者三百十八人を引き連れて、ダンまで追跡した。[15]夜、
アブラムとそのしもべたちは分かれて彼らを攻め、彼らを打ち破り、ダマスコの北にある
ホバまで追跡した。[16]そして、アブラムはすべての財産を取り戻し、親類のロトとその財
産、それに女たちやほかの人々も取り戻した。[17]アブラムが、ケドルラオメルと彼に味方
する王たちを打ち破って戻って来たとき、ソドムの王は、シャベの谷すなわち王の谷まで、
彼を迎えに出て来た。[18]また、サレムの王メルキゼデクは、パンとぶどう酒を持って来た。
彼はいと高き神の祭司であった。[19]彼はアブラムを祝福して言った。「アブラムに祝福あれ。
いと高き神、天と地を造られた方より。[20]いと高き神に誉れあれ。あなたの敵をあなたの
手に渡された方に。」アブラムはすべての物の十分の一を彼に与えた。[21]ソドムの王はアブ
ラムに言った。「人々は私に返し、財産はあなたが取ってください。」[22]アブラムはソドム
の王に言った。「私は、いと高き神、天と地を造られた方、主に誓う。[23]糸一本、履き物の
ひも一本さえ、私はあなたの所有物から何一つ取らない。それは、『アブラムを富ませたの
は、この私だ』とあなたが言わないようにするためだ。[24]ただ、若い者たちが食べた物と、
私と一緒に行動した人たちの取り分は別だ。アネルとエシュコルとマムレには、彼らの取

り分を取らせるように。」

六月第二主日の礼拝にようこそいらっしゃいました。引き続いてアブラハムの生涯をたどっています。先週は、アブラハムとおいのロトが別れて暮らすようになったところを語りました。そのとき、アブラハムは、右に行くことも左に行くことも、どちらでも選択できました。ところが、アブラハムが選んだのは「選ばないこと」でした。右に行っても左に行っても、どちらに行っても神さまの祝福は豊かにあります。アブラハムとロトのどちらかだけを祝福できないような神さまではないということを知っていたから、アブラハムは選ばないことを選んで、そしてロトに選ばせました。そのようにして別れて住むようになったアブラハムとロト。ところがそこで大事件が起こりました。

図1をご覧ください。①が死海、②がガリラヤ湖。③ヨルダン川がここを流れています。今回の舞台になった、ソドムの町はだいたい④のあたり、もうはっきりとは分からないけれども、死海の南の端にあっただろうと言われています。攻めてきた4人の王は、遠く⑤のほう、今のイランとかイラクとか、当時で言ったらバビロン、あのあたりの非常に強大な人びとがこのあたりも支配していた。カナンにも、いちおう王がいました。5人の王がこの辺り

にいたけれども、この王たちは、４人の王たちに貢物を贈っていました。ところが背いた。北の方には貢ぎ物を贈るのをやめた。そこで北の４人の王たちが攻めてきた。そして戦いが行われて、北の王が勝つ。ソドムの町も略奪されます。ソドムは、悪徳で有名な、乱れた町。ロトは最初はソドムの町に住んでいたわけではありません。その近くに住んでいた。けれども、いつの間にかソドムの中に住むようになっていた。そこにも問題を感じますけれども、とにかくこのソドムの町からロトとその家族や、しもべや財産を全部奪い取って４人の北の王たちは帰って行く。

図１

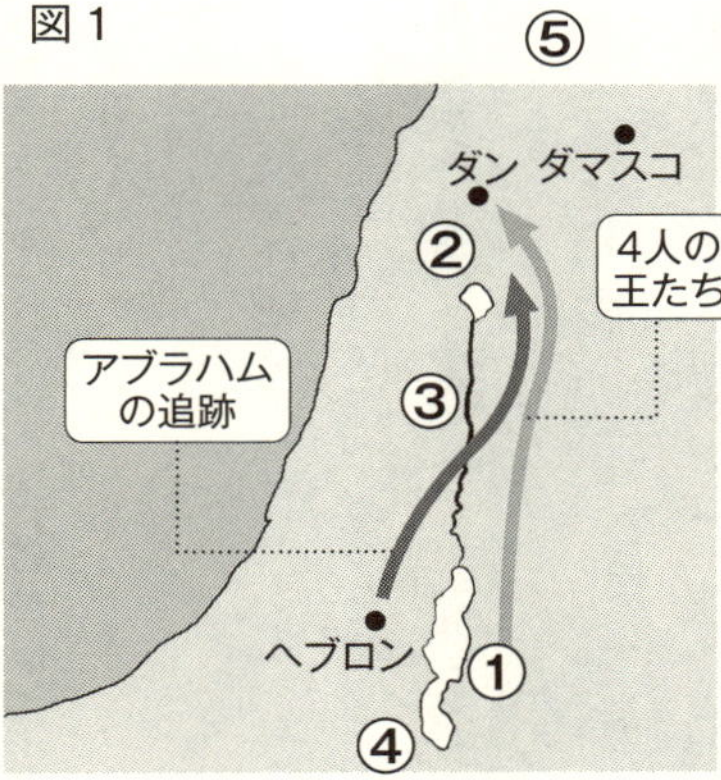

その時に、ヘブロンに住んでいたアブラハムがそのことを聞き、318人の自分の家来を連れて、追いかける。ダマスコの北まで300km以上もある道のりを追いかけていきます相手は４人の強力な王。アブラハムは、王でも何でもない。でも、この王たちを撃ち破って、ロトとそのすべての持ち物を取り返して、帰って来る。ヨルダン川を渡った、サレムという今のエルサレムがある所で、メルキゼデクという人物

に出会う。これが今日の舞台。ここで、この不思議なメルキゼデクという人物がアブラハムを出迎えました。

創世記14章18節。「また、サレムの王メルキゼデクは、パンとぶどう酒を持って来た。彼はいと高き神の祭司であった。」このいと高き神というのは、まことの神さま。ところがこのメルキゼデクが住んでいたサレム、今のエルサレムに住んでいたのはカナン人。彼らはもともとそこの土着の人びとですから、いと高き神、天地を造られた神を知らないはず。ところが、このメルキゼデクはまことの神さまを知っている。まことの神さまの祭司である。これは聖書の中でも謎としてずっと残っていきます。そして、ヘブル人への手紙でそのことの意味が解き明かされていきます。（後述177頁）とにかく、なぜか分からないけれども、本当の神を礼拝する祭司がこの地にいた。神さまがその祭司を、疲れてクタクタのアブラハムに送ってくださった。そしてこのメルキゼデクがアブラハムを祝福する。19節。「彼はアブラムを祝福して言った。『アブラムに祝福あれ。いと高き神、天と地を造られた方より。』」

アブラハムはもちろんこのでき事がすべて神さまの手の内に守られていたということを知っていました。けれどもこのときここで、天と地を造られたお方が、自分を祝福してくださったいうことをさらに深く知ります。そして「アブラムはすべての物の十分の一を彼に与えた」（20節）とあります。それはだれかから要求されたわけではない。メルキゼデクが要求したわけではない。また神さまも献げなさいといったわけでもないけれども、アブラハムは、自分から献げものをした。心から喜んで献げものをいたしました。

教会でも教団でも、きちんと予算を立てて、決算をします。神学校を建てる時も、きちんと予算を立てて、いくら必要です、いくら足りません、とやるわけです。けれども、ほんらい献げるということは何であるのか。献げることは喜びであるということを、こんなアブラムの行動に思い出すことができます。献げることは本当に喜びです。自分なりの精一杯のものを献げる。ときには精一杯よりもさらにもう少し献げたいなと思って、決心して献げる時に心からの喜びがあります。イエスさまも富のあるところには心があるとおっしゃった。だから、もし私たちが、「私のものは神さまのものだな。財布が一つだな。こうして献げることができることは喜びだ。」と喜ぶならば、そしてまた、「自分の必要はこの財布から、神さまと一つの財布から賄われるんだな」、と思う時に、そこには本当の喜びがあります。そういう喜びをいつも味わう私たちでありたいと思わされます。

ここで心をとめたいのは、アブラハムは何を喜んだのかということ。確かに、ロトを取り戻させてくださったことを喜んだ。しかし、神さまから遣わされてきたメルキゼデクから祝福を受けた時に、彼の喜びはあふれた。「祝福を受けよ、神より受けよ」とメルキゼデクは言いましたから、この祝福は神さまからの祝福。天地を造られた神さまが自分を祝福してくださっている。アブラハム以外、その一族以外、まことの神を信じる者などいないようなところで、カナン人の中からも神さまは祭司を起こしてくださって、アブラハムを祝福してくださった。この神さまご自身がアブラハムの一番の喜び。神さまがいてくださいます。そして神さまが自分を手ずから祝福してくださいます。この時アブラハムは本当にドキッとするような、神さまのご臨在と、そして喜びを味わったのでした。

私たちもまた、天地を造られた神さまに祝福されています。もう聞き慣れた言葉であるかもしれない。しかし、よくよく思いめぐらしてみるならば、私たちが、この私が、天地を造られた神さまに祝福されているっていうことは、本当に大きなこと。私たち夫婦もじっと悲しみに耐えているような毎日があります。けれども、天地を造られた神さまが私たちを祝福してくださっています。悲しみもまたこの神さまに抱きかかえられながらの悲しみ。妙な言い方かもしれませんけれども、神さまの祝福の中で悲しんでいます。悲しみもまた神さまの祝福から漏れていない。

私たちは神さまの祝福っていうのを、太陽の光のように考えるかもしれない。いつも淡々と降り注いでいる光。あって当たり前で、とりたてて意識しないような。けれども、神さまの祝福はそういう自動的に注いでいるようなものではありません。神さまがメルキゼデクを遣わしてくださったように、神さまの祝福には、神さまの意志がこめられています。神さまが私たちを祝福したいと願う強い意志がそこに込められていて、そのときそのときに私たちに必要な、もっともよき祝福を与えてくださいます。悲しみの時にはさらなる祝福を強い意志をもって与えてくださっています。

今も、この礼拝の中で、ひとりひとりに神さまが祝福を注いでくださっています。強い意志をもって注いでくださっています。ドキリとするような、生きておられる神さまがこの私たちに今祝福をくださっています。「アブラムに祝福あれ。いと高き神、天と地を造られた方より。」この「アブラム」というところにご自分の名前を入れてごらんになったらドキリとすると思います。「祝福を受けよ。眞一。天と地を造った、いと高きわたしから。今、祝福を受けよ。あなたを愛するわたしが、あなたを祝福する。さあ、今、祝福を受けよ」とそのようにおっしゃってくださっています。だから私たちは、今、神さまの祝福で満たされることができます。今私たちのすべてを知って、今、祝福を受けよと神さまはおっしゃってくださっています。

そして神さまの与える祝福の中で、いちばんの祝福とは何であるのか。それは、神さまご自身。神さまご自身が一番の祝福です。

さて、ヨルダン川を渡ったアブラハムを出迎えたのはメルキゼデクだけではありませんでした。ソドムの王もまた姿を現す。ちょっと前のところではソドムの王は、穴に落ちたっていうふうに書いてあるので、説明がないのでよく分かりませんけれども、穴からまた出てきたのか、それともソドムの王の後を継いだ王なのかもしれないとも思います。

この王が言う。21節。「ソドムの王はアブラムに言った。『人々は私に返し、財産はあなたが取ってください。』」これは、一見すると気前のよい申し出のように聞こえる。ところがこれは、当時、たいへん厚かましい申し出。こういった場合には、人びとも財産もすべてアブラハムのものになる、それが当然なのに、この人は「この人びとは返してください」と言う。

ですから本当だったらアブラハムは「それは違うだろう。取り戻したのは私なのだから、人びとも渡すわけにはいかない。」というふうに言うはず。しかしそうは言わなかった。

「アブラムはソドムの王に言った。『私は、いと高き神、天と地を造られた方、主に誓う。』」(14・22)

これは、メルキゼデクが祝福の時に用いた言葉。アブラハムは本当にこの言葉によって、今、神さまに満たされています。だから祝福に満たされて同じ言葉を使う。「いと高き神、天と地を造られた方」その御名によって宣言するのです。「糸一本、履き物のひも一本さえ、私はあなたの所有物から何一つ取らない。それは、『アブラムを富ませたのは、この私だ』とあなたが言わないようにするためだ」(23節)。自分の当然の権利を、アブラハムは放棄します。それは神さまの栄光を損ねることがないため。この事件を通してあがめられるべきは神さま。神さまが強大な北方の王4人に対して、アブラハムのわずかな人数を用いて勝利された。アブラハムを祝福し、ロトを取り戻させてくださった。だから世界は、天地を造られたこのお方、いと高きこの神を礼拝すべき。世界がこの神さまを知るべき。アブラハムの願いはそのこと。だからそれがなんであれ、神さまの栄光を覆い隠して、他のものに向けさせるような、それがソドムの王であれ、またアブラハム自身であれ、神さまから目をそらせるようなことは一切しない。だから手放した。何もいらないと言った。嫌々そうしたのではなく、喜びをもって手放すことができた。アブラハムの分け前は一体何だったのか。何も貰わなかった。でも貰ったものがある。神さまご自身、神さまご自身を彼は祝福として、なお近くにいただくことができたと思います。

こうしてアブラハムが神さまの栄光だけを願うことができたのは、やっぱり神さまからの祝福によります。神さまの栄光を願うことができた。神の祝福によって。神さまの祝福と私たちの成長というのは、はしごを登る左右の手のようだなって思うことがあります。はしごはいっぺんに両方の手を伸ばすんじゃなくて、まず片っぽの手を伸ばして、神さまの祝福をそこに受けたら、そしたら今度はもう一方の手で私たちが成長していく。神さまはいっぺんにすべてのことをなさろうとはなさらない。一つずつ。まず神さまの祝福を受け、それから成長する。私たちは一気に色んなことをしようとします。でも、神さまは私たちが成長に時間がかかること、神さまのおこころを知るのに時間がかかるし、喜んでおこころを行うようになるようになるにも時間がかかることをご存じ。ですから、本当に少しずつ、祝福をもって、導いてくださいます。そして私たちが召されているのは、自分が利益を得るためでなく、世界の破れをつくろう者にされるため。神さまは祝福をもって、家族が、地域が、世界が神さまを知るという祝福に与るという、そのことのために祈り、また献げるものとしてくださるのです。

新約聖書に「アブラハムの子」と呼ばれた人物がいます。もちろんイエスさまは、アブラハムの子、ダビデの子、と呼ばれています。でも、その他にもう一人。あの取税人のザアカイ。イエスさまがザアカイの家に入って、おっしゃいます。ルカの福音書です。「今日、救いがこの家に来ました。この人もアブラハムの子なのですから」（19・9）とおっしゃった。そして、「人の子は、失われた者を捜して救うために来たのです。」（19・10）とも。イエスさまはザアカイを「アブラハムの子だ。この子は失われたアブラハムの子なんだ。だから探して救うために、わたしが今やって来た。このザアカイを祝福するために」と。人びとはザアカイのことを罪人、神から見捨てられた汚れた人だと、思っていた。でもイエスさまは彼をとがめるのでもなく、ただ祝福した。ザアカイは、その祝福を受けて、それから悔い改めました。イエスさまはザアカイが悔い改めたから祝福した、というわけではない。イエスさまは、ザアカイを祝福するために来てくださった。そしたらザアカイはこの神さまを見出し、そして神さまに立ち返ることができました。「アブラハムの子」というのは、アブラハムと血のつながりがあるっていう意味ではありません。そうじゃなくて神さまの祝福を受ける人は皆アブラハムの子。私たちも、また、アブラハムの子。ザアカイがそうであったように。

ザアカイは「私は財産の半分を貧しい人たちに施します」といった。また、「だれかから脅し取った物があれば、四倍にして返します」と言った。実際ザアカイはこの世のほころびそのものでありました。この世の破れそのものでした。この世に大きな破れを作り出していた一人でした。しかし神の祝福を受けるときに、ザアカイはこの世界の破れをつくろうために、神さまの栄光を表す生き方へと押し出されていく。神さまの祝福は、ただ私たちを富ませたり、必要を満たすということができるというだけではない。もっと大きなことをしてくださいます。それは私たちを、神さまをほめたたえる思いに満たしてくださり、そして、神さまと共に破れをつくろうという生き方へと押し出すこと。神さまの祝福はそれほどに大きなものです。

こうしてアブラハムに与えられた祝福とその結果を見てきました。このメルキゼデクという人物について、後に、新約聖書のヘブル人への手紙が語っています。開きましょう。「私たちが持っているこの希望は、安全で確かな、たましいの錨のようなものであり、また幕の内側にまで入って行くものです。イエスは、私たちのために先駆けとしてそこに入り、メルキゼデクの例に倣って、とこしえに大祭司となられたのです」（6・19―20）。ヘブル人への手紙は、メルキゼデクの姿にキリストの姿を見ている。メルキゼデクがキリストをよく表していると語ります。続いての7章1節以下。

このメルキゼデクはサレムの王で、いと高き神の祭司でしたが、アブラハムが王たちを打ち破って帰るのを出迎えて祝福しました。アブラハムは彼に、すべての物の十分の一を分け与えました。彼の名は訳すと、まず「義の王」、次に「サレムの王」、すなわち「平和の王」です。父もなく、母もなく、系図もなく、生涯の初めもなく、いのちの終わりもなく、神の子に似た者とされて、いつまでも祭司としてとどまっているのです。さて、その人がどんなに偉大であったかを考えてみなさい。族長であるアブラハムでさえ、彼に一番良い戦利品の十分の一を与えました。（7・1―4）

どこから来たかわからない、そしていつまでも祭司であるという。まさにイエス・キリストのよう。このメルキゼデクがイエスさまとほんとうにどういう関係なのか。イエスさまがメルキゼデクとして現れたのか、というようなことは、私たちにはよくわからない。しかしヘブル人への手紙の要点ははっきりしています。キリストが私たちのための大祭司だということ。

そして、この大祭司は、それまでの祭司たち、動物の犠牲を献げ続ける祭司たちとは、二つの点で大きく異なっています。二つの点で、ヘブル人、つまり、ユダヤ人たちが知っていた人間の大祭司よりもはるかにすぐれたお方です。第一は、ふつうの祭司だったら動物の犠牲を献げます。でもキリストという大祭司は、ご自分をお献げくださった。十字架の上で献げてくださった。それが一つ。もう一つは、普通の祭司たちの犠牲は、結局は、私たちと神さまの破れをつくろうことはできない。毎年毎年そうやっても尚、良心の咎めが私たちにあります。けれども、キリストがご自身を献げてくださる時に、神と私たちとの破れが、本当につくろわれます。「わが神、わが神、どうしてわたしをお見捨てになったのですか」とイエスさまは、十字架の上で叫んで見捨てられてくださった。そしたら私たちと神さまとの間が、本当に破れがつくろわれて、今、私たちは神の子とされている。神を喜ぶことができます。神の祝福を喜ぶことができます。そういう者とされた。

キリストが与えてくださる最大の祝福とは何か。それはキリストご自身。ご自身を与え尽くしてくださって、神との平和、人との平和、そしてこの世界の破れをつくろう者と私たちを変えてくださっています。キリストご自身が最大の祝福。

先ほどもアブラハムの分け前は神さま御自身だっていうふうに申し上げました。同じ意味で私たちのいただいている、本当に最も素晴らしい祝福はキリストご自身。

もう一か所だけ開きたいと多います。ピリピ人への手紙1章21－24節。

「私にとって生きることはキリスト、死ぬことは益です。しかし、肉体において生きることが続くなら、私の働きが実を結ぶことになるので、どちらを選んだらよいか、私には分かりません。私は、その二つのことの間で板ばさみとなっています。私の願いは、世を去ってキリストとともにいることです。そのほうが、はるかに望ましいのです。しかし、この肉体にとどまることが、あなたがたのためにはもっと必要です。」（1・21－24）

パウロの本当の願いは、キリストとともにいること。じゃあ今、キリストは共におられないのか。いや、マタイの福音書を見るならば、「見よ。わたしは世の終わりまで、いつもあなたがたとともにいます。」（28・20）とある。キリストの御霊が私たちと共にいてくださるんです。でもパウロはさらにキリストを激しく求めます。さらに近く、キリストを見て、触ることができるように、そういうふうに共にいたいんだ、と言う。一方でパウロは、召された者たち、キリストにある死者は眠っていると言いますから、実際にどのようにキリストと共にいるのか、そのありさまはよく分からない。でも、はっきりしているのは、パウロが何よりも願っていることは、キリストご自身。「すでにキリストの御霊がおられるけれども、さらにもっとキリストに近づきたい。その癒しの中に、平安の中にいたい。もっと深く」と言う。ただパウロが地上に留められているのには、彼にはまだ果たすべき役割があるから。キリストがお命じになった役割があって、地上の破れをつくろう役割があるから、パウロはこの地上で留まって、力の限り生きます。私たちもまた、キリストと共にいることを、今以上に近く深くいることを憧れつつ、この地上の生涯を生きていく。

クリスチャンという言葉をよく使います。残念なのは、クリスチャンという言葉には、キリストという言葉が、発音が違ってしまうので、含まれていないような気がしてしまうこと。そういう意味では「キリスト者」という言葉だと、「あ、キリストのもの」だ、と思える。キリスト者たちの中心は、いつもキリスト。クリスチャンたちが集まるといつも「キリストがこうおっしゃった」「キリストはこうなさった」「キリストが私のいのちだ」「キリストが祝福だ」と、いつもキリストのことを語り合っている。だからキリスト者と呼ばれるようになった。キリスト者である私たちは、いつも「キリスト」の御名を呼びます。そしてキリストにあるところの、このキリストという宝を内に抱きつつ、さらにキリストを慕い求めて生きていきます。そしてこのキリストを私たちから取り去ることは誰にもできない。

娘のことばかり申し上げるようですけれども、娘もまたキリストと共にいる。もっともよきお方と共にやすらいでいることを思います。持つことができる、受けることができる最大の祝福の中にいる。最大の祝福とはキリストご自身。もうすでに私たち、ここにいるみんなの者に与えられていることを心から喜びたいと思います。

アブラハムと神さまと星空と

旧約聖書　創世記15章1～21節

1 これらの出来事の後、**主**のことばが幻のうちにアブラムに臨んだ。「アブラムよ、恐れ
るな。わたしはあなたの盾である。あなたへの報いは非常に大きい。」2 アブラムは言った。
「**神**、主よ、あなたは私に何を下さるのですか。私は子がないままで死のうとしています。
私の家の相続人は、ダマスコのエリエゼルなのでしょうか。」3 さらに、アブラムは言った。
「ご覧ください。あなたが子孫を私に下さらなかったので、私の家のしもべが私の跡取りに
なるでしょう。」4 すると見よ、**主**のことばが彼に臨んだ。「その者があなたの跡を継いで
はならない。ただ、あなた自身から生まれ出てくる者が、あなたの跡を継がなければなら
ない。」5 そして主は、彼を外に連れ出して言われた。「さあ、天を見上げなさい。星を数
えられるなら数えなさい。」さらに言われた。「あなたの子孫は、このようになる。」6 アブ

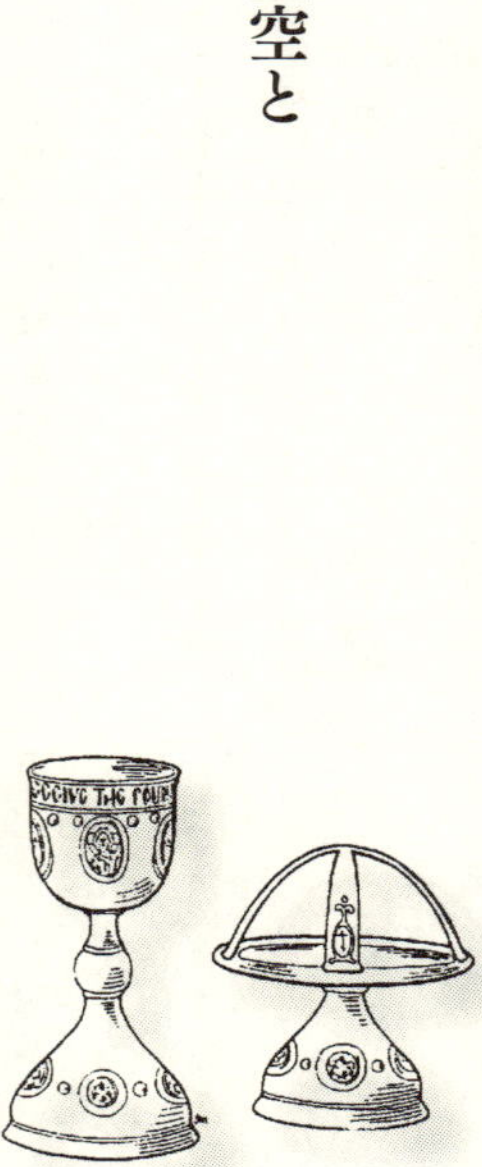

ラムは**主**を信じた。それで、それが彼の義と認められた。[7] 主は彼に言われた。「わたしは、
この地をあなたの所有としてあなたに与えるために、カルデア人のウルからあなたを導き
出した**主**である。」[8] アブラムは言った。「**神**、主よ。私がそれを所有することが、何によっ
て分かるでしょうか。」[9] すると主は彼に言われた。「わたしのところに、三歳の雌牛と、三
歳の雌やぎと、三歳の雄羊と、山鳩と、鳩のひなを持って来なさい。」[10] 彼はそれらすべて
を持って来て、真っ二つに切り裂き、その半分を互いに向かい合わせにした。ただし、鳥
は切り裂かなかった。[11] 猛禽がそれらの死体の上に降りて来た。アブラムはそれらを追い
払った。[12] 日が沈みかけたころ、深い眠りがアブラムを襲った。そして、見よ、大いなる
暗闇の恐怖が彼を襲った。[13] 主はアブラムに言われた。「あなたは、このことをよく知って
おきなさい。あなたの子孫は、自分たちのものでない地で寄留者となり、四百年の間、奴
隷となって苦しめられる。[14] しかし、彼らが奴隷として仕えるその国を、わたしはさばく。
その後、彼らは多くの財産とともに、そこから出て来る。[15] あなた自身は、平安のうちに
先祖のもとに行く。あなたは幸せな晩年を過ごして葬られる。[16] そして、四代目の者たち
がここに帰って来る。それは、アモリ人の咎が、その時までに満ちることがないからであ
る。」[17] 日が沈んで暗くなったとき、見よ、煙の立つかまどと、燃えているたいまつが、切

り裂かれた物の間を通り過ぎた。18 その日、主はアブラムと契約を結んで言われた。「あな
たの子孫に、わたしはこの地を与える。エジプトの川から、あの大河ユーフラテス川まで。
19 ケニ人、ケナズ人、カデモニ人、20 ヒッタイト人、ペリジ人、レファイム人、21 アモリ
人、カナン人、ギルガシ人、エブス人の地を。」

父の日の主日礼拝にようこそいらっしゃいました。ここのところ、聖書を最初から順番に読んでいます。今日は、創世記15章。アブラムと書いてありますが、後にアブラハムという名前になりますので、アブラハムに統一しています。このアブラハムが主人公です。そしてほんとうの主人公である神さまがいて、このアブラハムに語りかけるというのが、今日のところです。

このアブラハムの人生には、今までいろいろなできごとがありましたが、この時には、もう85歳くらいになっていました。奥さんは10歳年下ですから75歳ぐらい。この二人は、もともとちがうところに住んでいたのですけれども、神さまからカナン（今のイスラエルの場所）に行くようにと言われて、移住して来た人たちです。いろんなことがあった後で、神さまがアブラハムにお語りくださいました。それが1節のところ。

「アブラムよ、恐れるな。わたしはあなたの盾である。あなたへの報いは非常に大きい。」(15・1)

そうおっしゃったのですが、アブラハムの心の中には、気がかりなことがずっとありました。それは、神さまの声を聞いて、すぐに彼が言った言葉に表れています。2節です。

「神、主よ、あなたは私に何を下さるのですか。私は子がないままで死のうとしています。私の家の相続人は、ダマスコのエリエゼルなのでしょうか。」(15・2)

ダマスコのエリエゼルというのは、アブラハムの家の奴隷です。このころは後継ぎが生まれなかったら、召し使いの中の一人を選んで相続させるという風習がありました。85歳ですから、子どもはもう生まれそうにない。だから、「あなたへの報いは非常に大きい」と言われても、それは無理なんじゃないか、という疑いがずっとアブラハムの心にはあった。そこで、このときすぐに、「私には子どもがいない、だから、しもべが相続するのでしょうか」そういうふうに口に出して言いました。そのとき神さまはとてもすばらしいことをなさるのです。アブラハムをそのままにしておかなかったのです。

アブラハムは「信仰の父」と呼ばれることがあります。それくらい、とても立派な信仰者だと、私たちは考えがち。でも、聖書そのものを読んでいくと、アブラハムは疑った、ということが分かります。神さまの約束を疑って、そして自分の状況を見て、「自分には子どもなんか生まれない。神さまは後継ぎをたくさんつくると言われたけれども、生まれそうにない」というふうにがっかりしていた。失望していた。だから、アブラハムはものすごい信仰の人であったというわけでもなかった。むしろ私たちとそんなに変りがない、なにかあるとがっかりするところは同じだな、と、ここを読むと励まされるのです。疑い深い私たち。お祈りするけれども、すぐに聞かれないと、「まだ聞かれないな、もう聞かれないのでは」と思ってしまう。あるいは、こういうふうにと願っていたのに、ちがうことが起こったら、神さまがいない、とは思わなくても、神さまはあまり私に関心がないのかな、と思ってしまう。そして、自分はやっぱり信仰が弱いんだ、自分はだめなんだと思う。まわりを見渡すと、他の人はすごい信仰者のような顔をしている。あんなふうに強い信仰者だったらよかったのに、と思ったりする。でも、信仰の父と呼ばれているアブラハムでさえ疑ったのです。しかも、その疑いから、このあとの神さまとの会話が進み、すばらしいことが起こっていくのです。

だから、疑うことはまちがっている、ということではないのです。「神さま、いつですか。神さまほんとうですか。ほんとうにあなたは私を祝福してくださるのですか」と訊ねることはよいことです。それを訊ねるときに、神さまは不思議なことをしてくださる。信仰を与えてくださる。ですから、弱い信仰、強い信仰という言葉はなるべく使わないほうがいいと思います。ついつい謙遜して、「私は信仰が弱いですから……」と口に出ちゃうことがありますけれども、信仰は自分の持ち物じゃないです。神さまが与えてくださる。そのときどきに与えてくださることですから、強い信仰者がいるわけじゃない。神さまの差し出してくださる信仰をそのまま受け取った人がそこにいるだけなのです。

ただ今も、お証《あか》し(明野キリスト教会では、第三主日には教会員の信仰の体験談が語られる)がありましたが、他の人の信仰の証しを聞くときにも注意が必要です。ああ、この人は強い信仰者なのですね。そういうふうに強くならなければなりませんね、と聞いて終わってしまったら、結局自分とは関係ない話として通り過ぎていく。でも、その兄弟姉妹に、神さまが信仰を差し出してくださったのだな、と、神さまに注意して聞いたら、自分にも神さまがその信仰を差し出してくださる、今差し出してくださっている、ということに気づかされます。

さて、この疑ってしまったアブラハムですが、ローマ人への手紙4章19節を読みますと、アブラハムのからだは男性としては死んだ状態のからだで、奥さんのサラも不妊だったと書いてあります。どう考えても子どもが生まれるというのは無理じゃないですか。そういうアブラハムに、神さまはどういうふうに信仰を差し出されたか、それが5節なのですけれども、ここは聖書の中でも私が一番好きな所の一つです。もう言葉じゃないんです。

「そして主は、彼を外に連れ出して言われた。『さあ、天を見上げなさい。星を数えられるなら数えなさい。』さらに言われた。『あなたの子孫は、このようになる。』」（15・5）

アブラハムが自分の状態を見ている限りにおいて、もう脱出の道は完全に無いわけです。いくら理屈を言われても、そんなことは分からないです。でもそのアブラハムを、「連れ出した」ということは、まるで神さまがアブラハムと同じ背たけ、同じ目の高さを持つ存在として、アブラハムのかたわらに来てくださった。そしてまるで、やさしく手を取って誘うようにして外に連れ出してくださり、「空を見ろ！」と。

以前にもお話ししたことがありますが、あのあたりの星空ってすごいです。満天の星って言葉がありますが、星明りで明るい、そういう明るさ。数えることなんてとってもできない。自分の内側をずっと見ていたアブラハムが、目を上げたときに、彼の心がフッと持ち上げられていく、ということが起こるわけです。頭で理解したというのではないんです。自分の心が、自分の魂が、神さまに向かって持ち上げられていくということが起こりました。このようすを想像すると、ほんとうに美しい光景だなと思います。神さまって美しい、神さまって美しいことが大好きなんだな、美しいことをなさるんだな、そういうふうに思います。

今まで下を向いていて、「自分には跡継ぎが生まれない」それは自分のからだも死んでいるし、家内は不妊だから。同じことがグルグル、彼の頭の中では、回っていた。でも神さまが、そこからアブラハムを脱出させた。彼の目を夜空に向けさせた。叱りつけて「そんなことじゃダメだ、そんな信仰じゃダメだ！」そういうことを言ったんじゃないのです。そうじゃなくて、まるで友のようにアブラハムのとなりに立ってくださった。天地の造り主である神さまが、まるでアブラハムと、同じ背の高さになるようにして、同じ視線で、同じところから夜空を見上げてくださったのです。そして、「あなたの子孫はこんなふうになる。」と見せてくださった。そのとき、アブラハムの心は、神さまとひとつになりました。

2世紀ぐらいの人物に、アレキサンドリアのクレメンス（Clement of Alexandria , c. 150~c. 215）という人物がいます。この人は、神さまと交わるということ、神さまに祈るということについて、とても不思議な言葉を言ったのです。それは、祈りとは何か、「祈りとは、神との友情を育てることだ」と言いました。

私たちは、こういうことを聞くとびっくりします。あまり馴れなれし過ぎないかと。私たちは祈りについて、誤解していることが多い。「祈りは、私が神さまにしてもらいたいことを神さまに頼むことで、多ければ、多いほど聞かれる。そういう努力をしなければだめだ。何回祈ったかが大事だ。どのくらい長く熱心に祈ったかによって、願いがかなうかどうかが決まる。だからもし願いがかなわなかったとしたら、それは私の祈りが足りないからだ。祈りが足りない私はだめだ」とまた自分を責めたりします。祈った回数や、熱心さが足りなかったから、私の願いを聞かれなかったのだと思ってしまう。神さまはほんとうにそういうお方なのか。神さまは私たちに必要なことをすべてご存じなお方で、私たちがお願いする前から、十分な配慮をしてくださいます。だから私たちが祈って、それがすぐに聞かれないならば、その聞かれない期間が私たちには必要であるにちがいない。また、祈ったのとはちがう聞かれ方をしたならば、「神さまは私たちの祈りを知ったうえで、もっとちがう解決をそこに与えようとしてくださっているのだ」ということを、私たちは信頼したらいい。でも信頼するためには、神さまとの間に、信頼することができる関係が必要だと思います。ですから、クレメンスは、「祈りとは、神との友情を育てることだ」と言いました。神さまが望んでおられることを行うにしても、私たちが奴隷のように、わけも分からないで神さまのおこころに従っていくことではない。神さまは、私たちを友とすることを望んでおられる。奴隷のように扱うのではなく、友とすることを望んでおられます。友というのは奴隷とちがいます。「恐れて罰をくらうから従う」のは友じゃない。あるいは、「何か得があるから、言うとおりにする」というのでもない。友は、友の心を自分の心とします。神さまの心を自分の心とし、神さまのご計画を自分の計画とし、そして喜んでその実現のために働いていく人、それが友です。

愛するみなさん、ですから私たちは祈りの生活ということ、祈りってなんだろうということを、もう一度見直したい。神さまと交わることなんだと、神さまと友情を育てていくことなんだと。お願いを申し上げるだけではなくて、神さまの思いを、神さまの心を聞き取るということ。相手のことが分かれば分かるほど、友情が育っていく、神さまとの交わりが深くなっていく。

それでも、やはり、神との友情というと、恐れ多い気がしてしまう。けれども、イエスは実際に私たちを友と呼んでくださいました。一か所開きましょう。新約聖書のヨハネの福音書15章15節。

「わたしはもう、あなたがたをしもべとは呼びません。しもべなら主人が何をするのか知らないからです。わたしはあなたがたを友と呼びました。父から聞いたことをすべて、あなたがたには知らせたからです。」

友だ、あなたがたは友なんだ、わたしの友だ、と言ってくださった。父から聞いたことをみな知らせたからだ。なにを知らせたか。15章13節と14節のところ。

「人が自分の友のためにいのちを捨てること、これよりも大きな愛はだれも持っていません。わたしが命じることを行うなら、あなたがたはわたしの友です。」

「あなたのいのちを、あなたの持ち物を、あなたの時間を軽くにぎって、そしてその時がきたならば、神さまに対して、また私たちの愛する仲間に対して、軽くにぎった手を開いて与えていく。あなたがたは、わたしの友として、もうそういう存在になっている」と、イエスさまが私たちを親しい友と呼んでくださった。神であるイエスさまが、私たちを友と見なしてくださった。私たちとの友情を、ますます深めたいと願ってくださっている。このことを、よく覚えて忘れないようにしたいと思います。

だから、もし私たちが、神さまが差し出してくださった、こんなにすばらしい友情に目を留めないで、うなだれて下ばかり見て、自分はあれが足りない、これが足りない、このことが不幸だ、あのことがたまらないと、嘆くことに留まっているならば、それを神さまは喜ばれないのです。そういう私たちの手を取るようにして、神さまが手を引いて、私たち自身が自分を閉じ込めている失望の中から外へ連れ出してください。神さまが連れ出してくださいます。「さぁ、見上げなさい!!」そう言って、私たちの目を上にあげさせてくださいます。今、神さまが与えたいと願っておられる祝福があります。今、注ごうとしておられる祝福があります。自分だけ見ていると、もうつらくてたまらないなと思っている私たち。でも、その中にもうすでに神さまが差し出しておられる祝福があって、それに目を上げろとおっしゃっておられます。

先週はお休みをいただいて、家内と二人で北海道の支笏湖《しこつ》に行かせていただきました。「マリッジ・コース」という結婚セミナーに行ってきました。そこでの恵みは、また、おいおい語らせていただきますが、支笏湖というのは国立公園でとても美しいところです。湖面がエメラルドグリーンというか、ほんとうにきれいな深い緑色をしているんです。それがなぜか、理由が説明書きに書いてありましたが、とっても深いんだそうです。琵琶湖の3分の2くらいの水の量があるんだけれども、面積は琵琶湖の9分の1、それほど深い。琵琶湖は100メートルに対して、支笏湖は300メートルくらいあります。そして、水質は湖の中で日本中で一番きれいだという。だから、独特の深いエメラルドグリーン、そういう色なのです。

その支笏湖のほとりを歩いているときに、家内が娘の修学旅行は北海道だったと思い出した。「とても楽しかった」と言っていた、と。そのとき、ふと思ったんです。神さまは娘を、こういう美しい景色の中に置いてくださったんだな。娘は自然が好き。どんなに楽しんだろうな、と思ったときに、ずっと下を向いてしゃがみこむように暮らしてきた私たちだったんですけれども、神さまは美和《みわ》を愛して、美しい自然の中に置いてくださって、喜ばせてくださった。どれほどいろんな喜びを美和の生涯に与えてくださっただろう、ということを思わされました。美和が、どれほど神さまに愛されていたか。そして、美和が、今、神さまにどれほど愛されているかを思いました。あいかわらず、いろんなことは思うけれども、それでも、神さまにアーメンだなと思った。神さまはすばらしい、美しいことをしてくださる。どんな時でも、祝福をありったけ注いでくださっているお方。

神さまとの交わりの中で、私たちは神さまの心を知らされていく。神さまが、目をあげることもできないでいる私たちの目を、あげさせてくださいます。今も私たち一人ひとりに、神さまの祝福が差し出されている。目をあげさえすれば、それを見ることができます。

こうしてアブラハムは星を見上げた。その時に神さまが信仰を与えてくださって、数えきれない星の数ほどの子孫が、自分から始まって生まれていくということを受け入れた。創世

記に戻ります。15章6節には、

「アブラムは**主**を信じた。それで、それが彼の義と認められた。」（15・6）

この「信じた」、という言葉ですけれども、実は「アーメン」という言葉が使われているんです。私たちはお祈りの最後に、「アーメン」というふうに申し上げます。「神さま、そのとおりです。神さま、それが真実です」、そう申し上げます。だから、このところでアブラハムは、神さまをアーメンとした。日本語としては、ちょっと言いにくいですけど、「神さま、あなたは私のアーメンです」と言った。そういうニュアンスがここに含まれています。「神さま、あなたは私のアーメンです。神さまあなたは、私がほんとうにそのとおりだと思うお方だ。神さま、あなたは私とひとつこころのお方だ。神さまあなたの真実を私の真実とします。神さま、私はあなたにアーメンと言います。あなたが私のアーメンです」というふうに言うことができました。「あなたが望まれることは、私ののぞみです。あなたがしようとなさっていることを、どうか成してください。」そう願うことができました。

そしたら神さまは、「それを彼の義と認められた。」このことも、神さまが、またアブラハムを、「あなたもわたしのアーメンだ」と「そうだそれで良いのだ」とおっしゃってくださった。

今週の週報の金言の欄には、ヤコブ書2章23節から、関係する箇所を掲げておきました。

「『アブラハムは神を信じた。それで、それが彼の義と認められた』という聖書のことばが実現し、彼は神の友と呼ばれたのです。」

アブラハムは神の友と呼ばれた。すごい信仰者だったから神の友と呼ばれたのでしょうか。ちがいます。疑った人です。そして神さまからなんと言われたって、自分の不幸の中に首を突っ込んでしまって、そこから頭をあげられなかった人です。でも、神さまがアブラハムを連れ出してくださって、手をつなぐようにして、彼の心を持ち上げてくださった。アーメンという心を与えてくださった。そして神の友にしてくださった。立派だから神の友なんじゃないんです。立派な神の友だから祝福してくださったんじゃないんです。そうじゃなくて、神さまを疑うアブラハムを、神さまが神の友としてくださったんです。ほんとうに恐れ多いようなことではありますけれども、私たち一人ひとりも神の友であるということを、覚えていただきたいと思います。「主イエスが友だとおっしゃってくださった。だから私たちも、友と呼んでくださいますあなたに、アーメンと申し上げます。あなたは私のアーメンです。あなたのおこころが私たちの心であることができるように」と。もうすでに神の友として招かれている私たちは、招きに応じるべきです。そして招きに応じた人たちは、もう神の友なんだけれど、日ごとにますます神の友とされていくことができます。

この後アブラハムと神さまとの会話が続く。それは、もはや疑っている人の会話ではない。アブラハムの質問は続きますが、疑う人の質問ではなく、信じた人の質問。友としての質問、神さまにアーメンと言った人が、失望ではなく期待をもってしている質問、8節。

「アブラムは言った。『神、主よ。私がそれを所有することが、何によって分かるでしょうか。』」（15・8）

このあたりの土地をみんな、ものすごく広い土地をみんな、あなたの子孫に与える、って言われる。子孫が生まれることは分かりました。だけどこの土地が私のものだってことは、どのようにしたら知ることができますか、と、アブラハムは次の質問を発します。こんどの神さまの答えも、目に見えるかたちで現れました。神さまは家畜を連れてきて、それを半分に裂いておくようにと言う。当時の牧羊民族の間で契約をするときに、動物を二つに裂いて両脇に置き、その間を契約する人が通って、「もし私がこの約束を破ったらこんなふうに二つにされたってかまいません」というふうに約束をしたようなのです。ところが、不思議なことに、二つに裂いた動物の間を通ったのは、アブラハムじゃなかった。神さまが通った。17節。

「日が沈んで暗くなったとき、見よ、煙の立つかまどと、燃えているたいまつが、切り裂かれた物の間を通り過ぎた。」（15・17）

この、燃えているたいまつ、とか、煙のたつかまどといった、火が表しているのは神さまです。神さまは目に見えないのですけれども、そんなふうに、ご自分がそこを通ったということを、アブラハムにわかるように見せてくださった。つまり神さまは、わたしがもしあなたとの契約を破るようなことがあったならば、わたしが二つに裂かれてもかまわない、とおっしゃってくださった。神さまが二つに裂かれるってどういうことか、私たちにはよく分からないけれども、でもはっきりしているのは、神さまはここで、かたい誓いを立ててくださった。「わたしはあなたを祝福する。どこまでもあなたを祝福します。あなたの子孫が地に満ち、この土地があなたの子孫のものになります。そういうことが実現しないのであれば、呪われたってかまわない。必ず、必ず、必ずわたしはあなたを祝福する」と約束をしてくださいました。神さまが誓う。これは、アブラハムのことだけなんだろうか。ちがいます。神さまは私たちに、必ず祝福をくわえます。どんなことをしてでも、私たちを祝福するということを、かたくかたく、いつも約束してくださっていて、その祝福を差し出してくださっています。

私たちは、しかし、アブラハムも知らなかったことを、実は知っています。それは、イエスさまの十字架。イエス・キリストは、十字架の上で釘で打たれて、裂かれてくださった。聖餐の時にパンを裂きます。イエスさまが十字架で裂かれてくださったということのしるし。このイエスさまは、私たちのために罪の呪いを引き受けてくださった。罪の呪いって何か。私たちが神さまに背いて、互いに愛し合うことができなくなっている。その結果、ねたんだり、怒ったり、無関心だったりします。そんな私たちの罪の結果、神さまから引き離されている。自業自得というのか、それは当然の結果なんだけれども、その呪いを、イエスさまが引き受けてくださって、ご自分が裂かれてくださった。

神さまの、裂かれてもかまわないという決意は、ほんとうだった。ほんとうに裂かれてくださった。しかも、契約を破ったのは私たち。神さまじゃない。それなのに、神さまが裂かれてくださった。イエス・キリストは神です。神の御子です。神の御子が私たちを祝福するためには、ご自分はどんなになってもかまわなかったんです。

私たちを祝福する神さまの決意は、かたい。このことを私たちは、よく知っていなければなりません。失望するとき、悲しみのとき、天変地異が襲ってくるとき、愛する者が召されるとき、それでも神さまの決意はゆらぐことがない。私たちは、とてもそういうふうに思うことができなくても。死んだ体のアブラハムが、子どもなんか生まれるわけがない、と、がっかりしていた、そういうときにあっても、神さまは祝福を必ず差し出してくださっています。私たちは忘れちゃいけない、神さまが私たちを祝福することを、ほんとうに望んでおられるということを。どんな時でも。自分で、てきとうに、こういう時は無理なんだ、神さまでも、今の自分を祝福することはできない、そんなふうに限ってしまうことがないようにしたいと思います。

それでも、神さまの決意を忘れてしまったらどうしたらよいか。忘れたら神さまが思い出させてくださる。聖書のみことばを読んだり、礼拝に来て神さまのみことばを聞いたりする中で、神さまが思い出させてくださいます。神さまは仲間を通しても、働いてくださいます。だから、仲間に訊ねてみたらいい。「神さまは、ほんとうに祝福してくださるだろうか。私を祝福してくださるだろうか」と。そうしたら、仲間が思い出させてくれる。

先週のマリッジ・コースのクライマックスは、夫婦がたがいに赦し合う、という時間でした。夫婦もいっしょに暮らしている中で、たがいに傷つけ合っているということがある。これは夫婦に限らない。すべての人間関係の中で、親子の中で、兄弟の中で、夫婦の中でそういうことがある。ふだんは、それに触れないように暮らしていることが多い。でも、触れないけれども、傷はそこにある。その傷を確認し、それと向き合い、そして赦し合う。そうして夫婦の間の破れというか、ささくれというか、もうひとつ、いっしょに前に進むことができないところが、癒されていく。「赦す」。でも赦すということは、簡単なことではない。赦すというのは、忘れることじゃない。それは、ただ忘れっぽいだけ。赦す気持ちになることでもない。赦す気持ちになるのを待っていたら、いつまでもならないです。傷が深ければ深いほど、いつまでもならない。そうじゃなくて、赦すということは、赦すという決心をすること。赦す気持ちになろうがなるまいが、赦すっていう決心をする。そしてもう相手を責めないぞ、と決心をする。神さまに委ねるんです。「神さま、もうこの怒りも、この思いも、あなたに委ねます」と、決心する。そういう赦す決心をしても、その赦せる気持ちがすぐに来るとは限らない。そこには癒しが必要です。だから、赦すことは一回限りのことじゃない。「今、あなたを赦します」と決意して言います。すると、相手は赦された、と思う。でも、そんな相手を見ていると、「なんだ、いい気なもんだな」と腹が立つ。その時、また赦すんです。赦し続ける、同じことについて。毎日毎日、顔を見るたびに赦し続ける。それが赦す。簡単なことではない。普通だったらとてもできない。でも、神さまが私たちを祝福するために、イエス・キリストを十字架につけてくださった。イエスさまのからだを裂いてくださった。裂かれたのはからだだけじゃなくて、イエスさまのおこころも張り裂けた。「わが神、わが神、どうしてわたしをお見捨てになったのですか。」父が子を見捨てるなんてことはあるわけないんだけれども、見捨てられてくださった。それは私たちの罪を赦し、神との隔たりを、そして他の人との隔たりを癒し、新しい、愛するいのちを与えるため。だから、イエスさまなしには愛することはできないけれども、イエスさまにあるいのちが私たちをつくり変えて、破れをつくろって、癒して、赦しあうことができるようにします。夫婦や、親子や、兄弟や、そういう人間関係を癒していく、人間関係の破れをつくろっていく、そこから世界の回復が、他の人との間の回復が、この世界の様々な悲しみの回復が始まっていく。

神さまが私たちに望んでおられることは、私たちの破れを癒すことです。そして私たちと、私たちの愛する者たちとの人間関係の破れも癒してくださいます。そこから世界の破れのつくろいが始まる。父とともに、天の父とともに、私たちがこの世界に、癒す者として仕えていく。

子どもを先に天にお返しした私たち夫婦です。生きていたってつらいなということも思う。けれども、神さまは、今の私たちに祝福を与えてくださる。かたい決意をもって、この祝福を差し出してくださっている。私たちには、なお、なすべきことがある。私たちには、なお、神さまからの喜びが差し出されています。

イエス・キリストは、今、私たちを祝福するというかたい決意をもって、ここで祝福の御手をあげておられる。愛するみなさん、いま、みなさんそれぞれが置かれている困難な状況には、気分が晴れないようないろんなことがあると思います。でも見上げてください。イエスさまを見上げてください。祝福が差し出されています。それを受け取ることができるのです。

解説

勝俣慶信

本書は、大頭眞一牧師が所属する明野キリスト教会で2018年4月8日からスタートした「聖書は物語る」のシリーズ（本書説教シリーズでは「焚き火を囲んで聴く神の物語・説教篇」）で、創世記1章から15章まで11篇の説教にまとめたものです。

各回の内容は後半に譲るとして、この説教集を読んだ人は、「神さまってこんなお方だったのだ」と神さまに目が開かれていきます。そして神さまの痛むほどの深い愛に心撃たれるに違いありません。牧師はみな、神さまの愛と救いの素晴らしさを伝えようと準備に汗しますが、多くの場合は説明的説教になりがちです（筆者個人の感想と反省を込めて）。

ところが、本説教集から聞こえてくるメッセージは、牧師の考えや人生訓ではなく、神さまからの愛の御声《みこえ》です。聖書を頭で教訓的に理解するというのではなく、私のことを決して諦《あきら》めず求めて止まない神さまの深い愛を、心で受け取らせていただくことが起こります。

大頭牧師は、『神の物語』（マイケル・ロダール著　日本聖化協力会出版委員会発行、現在、新書判『神の物語』上・下、ヨベル版、2017年）の訳者で、物語神学の第一人者。今ここで、物語神学について説明することはできません。けれども、本説教集の中で大頭牧師が語ることばを少し拾い上げてみましょう。すると、物語神学の全体像がおぼろげながら見えてきます。『物語』というのは作り話という意味ではありません。たとえば「私の人生の物語」という場合、それは本当のことを表現しています。英語で言えば、マイ・ライフ・ストーリー。筋書があって、ゴールに向かって進んでいく。それがストーリー。聖書は『神の物語』。聖書の主人公は神さま。神がすべてのものを創造されたことから始まる。

主語は神、主人公は神です。神さまは私たちを必要とはされません。私たちをお造りにならなくても神さまの側ではお困りになることはない。それでも神さまは私たちをお造りになった。なぜか。それは私たちを愛するため、そして私たちから愛されるため。私たちと愛の交わりをするために、私たちを造ることを決心なさった。造らなければならないからではなくて、あなたを造りたい、あなたにいてほしいと、そういうふうに願って私たちを造ってくださった。そしてそれがどんな結果をもたらすことになろうとも、私たちを養い、支え、愛し抜くことを決意してくださった。神さまは、覚悟をしてくださって、私たちを造られました。

ところが、人間が世界の主人公であるかのようにふるまうとき、世界に不幸な「破れ」が始まりました。それも三重の破れです。第一の破れは、人が神さまに背を向け、神さまを忘れ、ついには神さまを無視するようになったこと。第二の破れは、主人公になろうとする自分と、これまた主人公になろうとする仲間の間で、どちらが主人公であるかをめぐって争いが起きることです。人と人の関係は、もともとは一体であり、対等でした。それが、支配したり、支配されたり、という関係になってしまったのです。第三の破れは、人と人以外の他の被造物との間に敵意が生じたことです。

神さまが目指しておられる歴史のゴールは、世界の回復。「非常によい」世界を回復し、三つの不幸な破れを回復すること。そのために生きている神さまが働いてくださっている。聖書は、ゴールへ向かう神さまのお姿を記す。私たちを背負い続け、私たちが「愛します」と言うまで諦めずに待っていてくださる。私たちはしばしば弱々しくしか言えない時が多いのだけれども、「主よあなたを愛します、主よあなたを愛したいです」と申し上げたい。その願いを取り上げてくださって実現させてくださるのは主であることを覚えていたいと思います。

ここに、インマヌエルなる神さまの真のお姿が見えてくる気がいたします。神さまは人に働きかけ続け、私たちが心から「愛します」と立ち返るまで、イエス・キリストのいのちがけの愛をもって隣を歩き続けていてくださいます。そして、心からの応答が回復されたところから、神さまとの和解、隣人同志の和解、全被造物との和解を拡げていき、世界の回復を目指そうと決めておられる。これが「神の物語」だと概説できそうです。

ちなみに、第一説教（2018年4月8日）「天地創造」では、「神さまは」「神さまが」「神さまから」など神さまを主語的に語っている箇所が約60箇所あります。説教時間が約30分程度とすると、30秒に一度は「神さまは」と語られていることになります。どこまでも神さまが主人公。神さまが何を感じ、考え、痛み、悲しみ、期待し、行動され、喜ばれるのか。神さま御自身に焦点が当てられています。自ずと読者は神さまの深い愛に心を撃たれ、自分を探られ、もっと神さまを求めて行きたいという願いが引き起こされます。

人生は出会いで決まる。一つの出会いが人生に大きな影響を及ぼします。大頭先生と筆者の出会いもそんな出会いの一つと感謝しています。実は筆者と大頭牧師が会ったことがあるのは二回だけ。それなのに、本書の解説を筆者に依頼するとは大頭先生は勇気がある！

そもそも知り合うきっかけは、筆者が大頭先生の執筆した『聖書は物語る——一年12回で聖書を読む本』と、続編の『聖書はさらに物語る』を用いて、教会員や地域の方を対象に聖書講座を開いていたため、メールでやりとりをさせて頂いていたことにありました。しばらくして、大頭先生が、愛する娘さんを天におくられたというニュースが飛び込んできました。私も、少し似た体験をしていたため、すぐにメールを送りました。それに対し、心のこもった返信のメールがありました。それ以来、いつか直接会える日を楽しみにしていたのです。

直接顔と顔を合わせて会ったことはなくても、神さまを愛する者同志として。実生活の中で痛みや悲しみを経験する者として。さらにこの世の痛み悲しみを、神さまによって慰められ、主の御手の中で癒され合っているお互いなのだと、神さまからの慈愛が与えられました。

直接会っていなくても、神さまへの信仰と愛で一つに結ばれ合っていくことができる。信頼、親しみ、尊敬を育んでいくことができる。これは、神さまと人との関係も同じなのだと思わされます。

大頭牧師の口を通して語られるメッセージは、直接お会いしたことのない神さまから、私たち一人ひとりに向けて注ぎ出されてくる神さまの深い御慈愛。

神さまがまず注ぎ出してくださるので私たちは知ることができ、いただくことができ、応答することが始まっていきます。

以下、各説教に込められているポイントを幾つかご紹介しましょう。

第一説教「天地創造」２０１８年4月8日

この章では、天地を創造し人間を造られた『神さまの熱い思い』、『神の似姿に造られた』の意味、『愛の応答を待っておられる神』、『非常に良かった』と語られた神さまの御思《みおも》い、について説き明かされます。

第二説教「世界で最初のラブソング」２０１８年4月15日

第二説教は、『人に助け手が与えられた意味と目的』が説き明かされています。人は、互いが互いの助け手として造られている。一人の完全な人の頑張りで神の御国が造られることはない。足りない人同士が補い合い、神さまのみわざに協力させていただく。神さまは、補い合う愛の協力関係を通して、御国を建て上げようとしておられる、と神さまの御心に出会わされます。第二説教を通し、夫婦関係、親子関係、教会の兄弟姉妹の関係、職場での人間関係に目が開かれていくでしょう。

第三説教「ああ、アダム」２０１８年4月22日

人生は毎日が選択の連続。本章では、いのちを選ぶよう訴えておられる神さまに出会

わせていただけます。いのちに背を向けると、死が入り込んでくる。神さまとの関係、人との関係に破れが生じてしまいます。そのような破れの中に生まれ、神さまを見失ったまま迷うように生きる私たちに届けられている『福音』とは何か。『福音』の豊かさについて説き明かされます。

第四説教「失楽園」２０１８年4月29日

本章では『罪』が分かりやすく説かれます。『罪』とは、私が人生の主人公だと信じて生きること。そこから三つの大きな破れが生じます。しかし、自分を主人公とする生き方から、神さまが主人公で、私は神さまの御国完成に向けた、すばらしい協力者（助演者）なのだと目が開かれたらどうでしょう。私が今日、家庭、職場、地域で生きる役目も見えてきます。

第五説教「カインとアベル」２０１８年5月6日

この世には納得のいかない不公平、理不尽な出来事があります。それらに直面した時、私たちはどう対処したらよいでしょう。そんな時にも、神さまに信頼して目を上げるのか、神さまから顔を背け、自分を主人公とし、主人公の私が不当に扱われていると怒りを燃やすのかで人生は違ってしまいます。大頭牧師は、神学的説明で満足しません。

神学的な土台はしっかり踏まえつつ、誰もが味わう生活実感として、この世の不公平や理不尽を真正面から捉え、その中にさえいてくださる神さまに目を上げることを説き明かされます。『決して捨てない神』。この章を通し、神さまの愛にまた一つ目が開かれていくでしょう。

第六説教「ノアの箱舟」２０１８年5月13日

ここには、『悲しまれる神』『嘆く神』『心を痛める神』の姿が出てきます。全知全能の神という言葉を知っている私たちにとって、これは正直、驚くべき神のお姿かもしれません。でも、この章を読んでいくうちに、神さまがどのようなお方なのか、神観が一新されていくでしょう。またこの章では特に、『神の目に正しい人』とはどういう人かが取り上げられます。

第七説教「バベルの塔」２０１８年5月20日

違いがあることは困ることでしょうか。それとも豊かなことでしょうか。

バベルの塔の記事は、言葉が統制され、思想が統制され、一部の権力者が、自分こそ神になろうとした話です。一部の人間、あるいは一人の人が、自分こそこの世の主人公で、自分の世界を造り上げようとする時、この世に多くの破れが生じます。それは、今も昔も変わりません。神さまは、この記事の中で言葉を散らし、人々を人の権力の支配から解放されます。そして、神さまの摂理的な導きでしょうか。ちょうどこの説教の日が、ペンテコステ礼拝でした。ペンテコステでは、違った国の違ったことばで一つの事柄、すなわちイエス・キリストによる救いの福音が、世界に向けて発信されていきました。ここに、人間を罪の力の縛りから解放し、神さまの自由と豊かさの中に救い入れてくださる福音が聞えてきます。

第八説教「アブラハムの旅立ち」　２０１８年5月27日

ここでは、神さまがアブラハムに繰り返し繰り返し呼び掛ける姿が描かれます。そこから、神さまのコーリングは一度きりではなく、人生の歩みの中で繰り返し与えられるものだと教えられます。

クリスチャンとされていても、自分の信仰に自信がもてないと感じてしまうことはあるものです。『信仰をもって歩くとは』、この大切なテーマについて、神さまとアブラハムの関係から説き明かされています。

第九説教「アブラハムの選択」　２０１８年6月3日

私たちもしばしば、「自分はダメだ」と思ってしまう時があります。神さまは、『この世の破れをつくろう者』として私たちを選ばれたはず。けれども、自分自身に破れを感じてしまうことは一度や二度ではありません。では、自分がダメだと思うとき、私たちはどうすればよいのでしょう。この章には、神さまとの間の破れをつくろい、人との間の破れをつくろい、被造物を治める働きに対する破れをつくろってくださる神さまの愛とお姿が感動的に描かれています。

第十説教「アブラハムの分け前」 2018年6月10日

聖書は最初から最後まで、『祝福の神』を宣べ伝えます。でも、本当の祝福とは何でしょう。ここには、祝福の核心が分かりやすく語られています。そして、今日の一日に、神様からの祝福が輝いて見えるようにされるでしょう。

第十一説教「アブラハムと神さまと星空と」 2018年6月17日

この説教からは、『アーメン』の意味が響いてきます。これには、神学的にも難しい『神の義とされる』という意味が込められていますが、その意味が分かりやすく説き明かされます。また、私たちにとって最も難しい『赦すこと』について、神さまが噛み砕くように語りかけていてくださいます。

信仰の歩みとは神さまに訊ねること。祈りとは神さまとの友情を育てること。神さまは、疑い深いアブラハムとの対話を続けながら、彼を祝福の基《もとい》として育ててくださいました。神さまと対話し続けていく中で、神さまからの癒しが与えられ続けていくのだと教えられます。

そして、大頭先生自身が、聖書を通し神さまと対話し続けておられ、癒され続けておられることが分かります。ですから、大頭牧師のメッセージからは、神さまから頂いた愛と慰めと癒しが溢れて伝わってきます。大頭牧師はこう語っています。「神さまとの交わりの中で、私たちは神さまの心を知らされていく。神さまが、目をあげることもできないでいる私たちの目を、あげさせてくださる。今も私たち一人ひとりに、神さまの祝福が差し出されている。目をあげさえすれば、それを見ることができる。」

神さま御自身と神さまの愛が真っ直ぐに説き明かされる本説教集が出されることは感謝です。

既にクリスチャンである一人ひとりには勿論のこと、興味はあってもなかなか教会に来られずにいる人々に、トラクトのように手渡され、聖書が語る真の神さまが伝えられていくことを願います。そして、続くシリーズを楽しみにしたいと思います。

（日本聖契キリスト教団 酒匂キリスト教会 牧師）

［チーム K　校正担当　栗田義裕（くりた・よしひろ）］
静岡県静岡市生まれ。18 歳の時に仙台で信仰に導かれ、仙台バプテスト神学校卒業後に石巻で 7 年間、開拓伝道に従事。その後、仙台の八木山聖書バプテスト教会で 30 年間牧師として奉仕する。昨春、65 歳を機に退任して神学校教育、被災地での後継者育成の分野で奉仕している。家族は妻と一男二女、孫が 4 人。趣味はサッカー観戦とカップラーメン。

［チーム K　校正・写真担当　前田　実（まえだ・みのる）］
1953 年 7 月三重県鳥羽市生まれ。1969 年名城大学附高入学・写真部入部。1976 年名城大学卒・中日本印刷 (株) 入社。
1986 年広告会社・三菱電機のハウスエージェンシー (株) アド・メルコ入社（現アイプラネット）。1993 年 12 月 日本福音ルーテル知多教会にて明《あけ》比《ひ》輝《き》代《よ》彦《ひこ》牧師より受洗。1999 年超教派賛美 CD『UNITY 〜サイバースペースのクリスチャンたち』（ヨベル）刊行の企画・製作に関わる。2014 年 4 月日本イエス・キリスト教団知多教会に転会。2016 年 9 月 心室細動にて心停止後蘇生。2017 年 3 月（株）アイプラネット退職、現在に至る。

［さし絵紹介　松島雄一（まつしま・ゆういち）］
1952 年、香川県生まれ。民間企業に 13 年勤務後、1990 年東京正教神学院入学。1993 年司祭叙聖。名古屋正教会・半田正教会管轄後、2015 年大阪正教会管轄へ。訳書に A. シュメーマン『世のいのちのために』(2003)『ユーカリスト』(2008)、ティモシー・ウェア『正教会入門』(2017 共訳、上記 3 書 新教出版社)、アントニー・M. コニアリス『落ち込んだら　正教会司祭の処方箋 171』(2017)、著書に『神の狂おしいほどの愛　メッセージ集』(2019)、監修に『師父たちの食卓で　創世記を味わう　第 1 章〜第 3 章』(2015)、『アベルのところで命を祝う　創世記を味わう　第 4 章　師父たちの食卓で』（以上ヨベル 2019）

田中　絢（たなか・もとむ）
1980 年、新潟県生まれ。国際基督教大学教養学部教育学科卒業。教科書の出版社勤務を経て、東京基督神学校に学び、2008 年から久遠キリスト教会伝道師、2017 年より同教会関西集会牧師。日頃気をつけているのは、「正反対の内容でもよくよく聞いてみると、同じことを言っている」ということ。幼稚園の父親仲間とおやじバンドを継続中。https://www.kuon-kansai.org

出口桐恵（でぐち・きりえ）
東京都目黒区生まれ。名前の「キリエ」は、出生時オーケストラで J. S. バッハの「ミサ曲ロ短調」を演奏していたヴァイオリニストの父によって、ミサ曲冒頭の「キリエ・エレイソン」から命名された。獨協大学外国語学部フランス語学科卒。卒業後、商社企画室勤務。現在、フリーライター。3 人の子どもがいる。

山田風音（やまだ・かずね）
愛知県生まれ、新潟市在住。九州大学芸術工学部卒業後、短期宣教師として豪州ブリスベン市でアジア系留学生宣教に携わる。 帰国後は保育士、幼稚園教諭として学童保育、保育園、認定こども園で足かけ 6 年勤務。 2018 年、一人でも多くの方に人生の尊さや価値を実感していただきたいと独立、インタビュー自分史を中心とした執筆や出版を手掛ける「ライフストーラー企画」を立ち上げる。名古屋市のクリスチャンシェアハウス「グレイスハウス」元ディレクター（チャプレン）。
life-storier.com grace-house.com

ほか、匿名　一名

協力者の方々のプロフィール

解説：勝俣慶信（かつまた・よしのぶ）
1962年神奈川県逗子市出身。東洋大学で社会福祉を学び、厚生省の外郭団体に12年勤務。横須賀基督教社会館に非常勤職員として働き、福祉施設の現場経験を積む。聖契神学校に学び、2000年4月より日本聖契キリスト教団酒匂キリスト教会の牧師として赴任、現在に至る。日本ウィクリフ聖書翻訳協会委員。

説教集協力者
【チームO　文字起こし担当】
阿部俊紀（あべ・としき）
1966年仙台市生まれ。明治学院大学在学中に、横浜市にある戸塚めぐみキリスト教会で信仰を持ち、鈴木 真牧師に師事する。現在は仙台新生キリスト教会に通う。

荒木　泉（あらき・いずみ）
リージェントカレッジ、キリスト教学部卒業。カナダ在住。OMF宣教師を経て、現在ISMC宣教師（帰国者担当）。RJCカウンシルメンバー、CJM責任役員、Damah国際映画祭実行委員、ReMinDメンバーを兼任。アーティスト。アートと神学の研究者。

石倉　満（いしくら・みつる）
聖契神学校卒業。単立浦和キリスト集会にて献身者として奉仕。OneHope Japanではデザイン・広報をおもに担当。大頭先生と初めて会った時にFacebookでスイカを被ったプロフィール写真を使用していたため「スイカ星人」として認識されているが、実は被るより食べる派。食べた後の皮は普段は帽子ではなく漬物にして2度味わっている。

あとがき

おそらく自分がもっとも書くことのなさそうな本があるとすれば、それは説教集だと思っていました。それにもかかわらず、出版することにしたのは、数名の若い牧師たちから、説教原稿を求められたことがきっかけです。そんななかで、だれかのなにかの役に立てば、という願いが起こされたのでした。

加藤常昭先生の説教塾に所属しているとはいえ、ただ末席に連なっているだけの私です。ギリシア語やヘブル語にたんのうなわけでもありません。ただ、聖書の大きな物語の中で、神さまが語ろうとなさるご自分を聴きとろうとする物語の神学に立ってきました。それとともに、現代の教会に仕える多くの説教者たちにも助けられています。特に、横浜指路教会の藤掛順一牧師のものには、目を開かれる思いがすることが多くあります。そのことを藤掛牧師にお話ししたところ、「説教は教会の共通財産です。どうぞご自由に」と寛大なお許しをいただきました。

短編小説の名手O・ヘンリーは『運命の道』の中で、詩人ダヴィドの作品を読んだブリルさんに、「ダヴィドからはナイチンゲールの鳴き声は聞こえなかった」という意味のことを言わせています。説教におけるナイチンゲールの鳴き声は、千葉 惠先生がいみじくも「贈る言葉」に書いてくださったように、イエス・キリストの福音の宣言です。細い小さなささやきだったとしても、この本から、そんなナイチンゲールの鳴き声が聞こえたら、それ以上の幸いはありません。

この本を作るにあたっては、実際に語られた言葉をたいせつにしたいと思いました。そこで、SNS上で募ったボランティアの方がたに、録音から文字に起こしていただき、それをこれもボランティアの方がたが校正にあたってくださいました。その愛とご労に心からお礼を申し上げます。

この本を読んでいただきたい方がたの中に、かつていっしょに仕事をした三菱重工の同僚たちがいます。退社して22年。それぞれに年齢と経験を重ねたおたがい。みなさん、どうぞお訪ねください。じっくりと語り合いたいと思います。

いつものようにヨベルの安田正人社長ご夫妻、ブックデザイナーの長尾優さんにお世話になりました。イラストを紹介してくださった大阪ハリストス正教会のゲオルギイ松島雄一司祭にも感謝いたします。そして、いつも私の著書や訳書、『キリスト新聞』の「大頭眞一の焚き火日記」や『舟の右側』の「続・焚き火を囲んで聴く神の物語」を応援してくださる方がたにも感謝いたします。2020年1月号からは『百万人の福音』に「大頭眞一の焚き火相談室」の連載も始まります。

みなさまに神さまの豊かな祝福がありますように。

2019年　待降節

大頭眞一

アブラハムと神さまと星空と

作詞 大頭眞一　　　　　　作曲 久保木聡

アブラハムと神さまと星空と

作詞 大頭眞一
作曲 石田ひとみ

大頭 眞一（おおず・しんいち）

1960年神戸市生まれ。北海道大学経済学部卒業後、三菱重工に勤務。英国マンチェスターのナザレン・セオロジカル・カレッジ（BA、MA）と関西聖書神学校で学ぶ。日本イエス・キリスト教団 香登教会伝道師・副牧師を経て、現在、京都府・京都信愛教会 / 明野キリスト教会牧師、関西聖書神学校講師。

主な著書：『聖書は物語る』（2013、2023[8]）、『聖書はさらに物語る』（2015、2019[4]）、共著：『焚き火を囲んで聴く神の物語・対話篇』（2017）、『アブラハムと神さまと星空と　創世記・上』（2019、2020[3]）、『天からのはしご　創世記・下』（2020、2022[2]）、『栄光への脱出　出エジプト記』（2021）、『聖なる神聖なる民　レビ記』（2021）、『何度でも 何度で 何度でも 愛　民数記』（2021）、『えらべ、いのちを　申命記・上』（2022）、『神さまの宝もの　申命記・中』（2023）、『いのち果てるとも　申命記・下』（2023 以上ヨベル）、『焚き火を囲んで聴く神の物語・聖書信仰篇』（2021）、『焚き火を囲んで聴くキリスト教入門』（2023）、『牧師・大頭の焚き火日記』（2023）

主な訳書：マイケル・ロダール『神の物語』（日本聖化協力会出版委員会、2011、2012[2]）、マイケル・ロダール『神の物語　上・下』（ヨベル新書、2017）、英国ナザレン神学校著『聖化の再発見 上・下』（共訳、2022）

ヨベル新書 056

アブラハムと神さまと星空と　創世記・上

焚き火を囲んで聴く神の物語・説教篇（1）

2019年12月25日 初版発行
2024年 1月25日 3版発行

著　者 —— 大頭眞一
発行者 —— 安田正人
発行所 —— 株式会社ヨベル　YOBEL, Inc.

〒113-0033 東京都文京区本郷 4-1-1-5F
TEL03-3818-4851　FAX03-3818-4858
e-mail：info@yobel. co. jp

印刷 —— 中央精版印刷株式会社
装幀 —— ロゴスデザイン：長尾 優
配給元—日本キリスト教書販売株式会社（日キ販）

〒162 - 0814　東京都新宿区新小川町 9 -1
振替 00130-3-60976　Tel 03-3260-5670

　ISBN978-4-909871-07-7 C0216
